Tren Griffin 崔恩·葛瑞芬——著 林奕伶——譯

窮查理的投資哲學與選股金律

CHARLIE MUNGER THE COMPLETE INVESTOR

目錄

序言

查理・蒙格（Charlie Munger）是全世界最成功的投資者之一，也是最有趣的人。他最為人知的身分，是華倫・巴菲特（Warren Buffett）在眾所皆知、超級成功的公司波克夏・海瑟威（Berkshire Hathaway）中，直言不諱的夥伴。巴菲特在肯定蒙格的貢獻時提到：「我和蒙格一加一肯定超過二。」[1]在波克夏之外，蒙格投資企業的成就也令人印象深刻。蒙格最令人感興趣的地方不是他在投資方面的成功，而是思考及控制情緒的方法。

蒙格用字精練、直指問題核心的能力頗負盛名，一如他對獨立思考的渴望。關於投資有個基本的重要事實，就是一般人很少獨立做決定。意思是說，能夠獨立思考、控制情緒，並避免心理誤差的人，投資就有優勢。巴菲特曾經用這個故事說明蒙格對獨立思考的渴望：

一九八五年，有一家大型投資銀行負責出售斯科特菲茨（Scott Fetzer），他們四處推銷卻一無所獲。得知這個被三振的消息，我寫信給斯科特菲茨當時及現任的執行長拉爾夫．舒伊（Ralph Schey），表示有興趣買下該公司。我從未見過舒伊，但我們不到一個星期就達成協議。可惜，斯科特菲茨與那家投資銀行的契約條件是，即使找到買主的事與投資銀行完全無關，完成銷售還是要給付二百五十萬美元的費用。我猜，負責的銀行家大概覺得收了錢就該做點事，所以殷勤地給我們一本由他的公司編纂的有關斯科特菲茨的書。蒙格以他一貫的機智回應道：我給你二百五十萬美元「不」看。

——巴菲特，董事長的信，一九九九年

類似這樣的故事，加上蒙格在各種場合談話內容的有趣報導，是我動念寫這本書的大部分原因。蒙格是個妙人，主要是因為他可以用一句話來形容，隨心所欲。他心裡怎麼想就怎麼說，很少考慮圓滑得體和社交慣例。這份率直難能可貴，因為有時候我們需要聽到有人拆穿國王沒有穿衣服。蒙格曾說，雖然他累積了優異的選股紀錄，也積攢了豐厚的身家，不過大家還是別拿他當人生榜樣效法。他認為他的人生太過致力於改善自己的心智，如果盲目仿效，個性上的怪癖（包括傲慢無禮，但不限於此）會讓人不受歡迎。

蒙格承認自己在某些議題容易引來非議。他曾說：「人家可能記得我是個聰明的混蛋。」而他的投資夥伴巴菲特在人家的記憶中則是導師。不時會有人跟我說，他們實在搞不懂蒙格。可惜，他們忽略了一點：沒有人可以成為蒙格，就像沒有人可以成為巴菲特。重點不是把任何人當英雄，而是思考蒙格是否和他的偶像班傑明．富蘭克林（Benjamin Franklin）一樣，即使只有一部分，但有些特質、特性、系統或人生態度，還是我們願意仿效的。同樣的心理歷程也說明為何蒙格讀過幾百本傳記。從別人的成敗中學習，是不用承受太多痛苦又能最快變得更聰明、更有智慧的方法。

儘管蒙格目空一切，他仍是個獨樹一格、無與倫比的導師。他曾說：

人類能做的最大好事，就是幫助其他人類懂得更多。

——蒙格，波克夏年會，二〇一〇年

蒙格很多有趣的地方都可以簡單用一句話解釋：「我會觀察哪些有用，哪些沒有用，以及為什麼。」蒙格的人生跟所有人一樣，只是不同於許多人，他會深入思考事情為什麼發生，並努力從經驗中學習。

蒙格和巴菲特同樣在內布拉斯加州的奧馬哈（Omaha, Nebraska）出生長大。他在密西根大學（University of Michigan）讀數學，但是取得大學文憑之路卻被第二次世界大戰打斷。戰爭期間，他在美軍軍中擔任氣象學家，並在加州理工學院（California Institute of Technology）接受訓練。戰爭結束後，他有機會在沒有大學學歷的情況下進入哈佛（Harvard）法學院。在加州理工學院受訓期間，他喜歡上加州；法學院畢業之後，他跟幾個合夥人共組一家法律事務所，後來成為全美最負盛名的事務所之一。雖然事業成功，他卻很快就離開法律事業，在巴菲特的鼓勵下全職從事投資；他直到住在加州帕薩迪納（Pasadena）才認識巴菲特。一九六二年到一九七五年期間，蒙格跟一群投資人合作，每年財務報酬將近二〇％，而道瓊工業指數（Dow Jones industrial average）同期報酬率還不到五％。蒙格並沒有蒐集名車或買豪宅。他的生活很多方面與思想或投資無關，是個相當平凡的億萬富翁。

雖然蒙格發表過無數演說、寫過無數文章，也在威斯科金融公司（Wesco Financial）及波克夏的年會招待過眾多股東，但他的想法還不曾以所謂的**統一理論**（**unified theory**）形式提出來。或許是蒙格強大的心智功力對才智平庸的人太過艱深。對普通人來說，如果沒有一套可以理解的概念架構，想在腦中同時操控他說的「多元模型」（**multiple model**）並非易事。本書的目的是教你如何思考更像蒙格。

我是如何找出蒙格的思想？本書的起源可以追溯到網際網路泡沫破滅前的那段時間。許多投資相關假設在這段期間備受質疑。網際網路泡沫期創造的財富，在關心留意的人眼裡是不真實的。馬克·安德森（Marc Andreessen）於泡沫期間在推特（Twitter）上說得很好：「大家一致的感覺就是爭先恐後——唯恐落於人後。」當時的情況像是集體不理性，但大多數的人都想著：「如果是真的呢？如果價值再翻個一倍、兩倍呢？」像我這種想找出答案、了解市場在這瘋狂時期將如何發展的人，很自然會去閱讀成功且思慮周詳的投資人見解。

為了設法應對市場的變化，我在一九九九年的夏天包了一艘船，雇用一位船長，請他送我們一家人到華盛頓州（Washington State）的聖胡安島（San Juan Islands）。我帶上所有巴菲特寫過的東西，以及與他相關的文章上路。當我坐在甲板上閱讀巴菲特的投資方法，發現其實蒙格的想法最能引起我的共鳴。當時我最想得到解答的問題，就是我那些價值高漲的網際網路股和電訊股應該賣掉多少。我的家人在船上及島上痛快玩樂，我則是閱讀，還有在甲板上來回踱步沉思。一個星期下來，除了閱讀和思考，我什麼都沒做；那一趟旅程我不是玩得很開心。不過，旅程接近尾聲時，我得到結論：應該賣掉一半的網路股和電訊股。我判斷無論情況如何，這樣做可將後悔的可能降到最低。有鑑於後來發生的崩盤，這並非最理想的決定，但我當時對自己的決定很滿意，至今依然如此。那一趟旅程是我深入鑽研價值投資（value investing）的開端。

由班傑明．葛拉漢（Benjamin Graham）發展出來，並為蒙格採用的價值投資系統，是一般投資人得以超越大盤指數的最佳方法。雖然葛拉漢的價值投資是一套系統，但投資人不可能只靠著遵循一套死板的規則，就能以這種方法找到成功。執行葛拉漢價值投資系統、波克夏系統，或其他價值投資者的系統，那是一門藝術，不是科學。價值投資並非點連成線的練習。雖然充分了解葛拉漢價值投資系統不必用到高深的學問，但多數人會發現自己要不是沒有必要的情緒及心理克制，就是不願意做超越大盤指數所需的工作。這就是為何巴菲特喜歡說：「投資很簡單，但不容易。」[2]巴菲特的話換成蒙格的說法就是：「概念簡單，嚴肅面對。」

本書有很多篇幅，是關於我如何學會更準確辨認情緒及心理錯誤的來源，以及我從蒙格身上學會如何避免那些錯誤。《華爾街日報》（*Wall Street Journal*）專欄作家傑生．史威格（**Jason Zweig**）在給我的一封電子郵件中，形容投資時的一個根本挑戰：

> 如果像他、且思考像他有那麼容易，就不會只有一個蒙格。將一個人轉變成具有多元思維模型的學習機器……是非常艱辛的任務，極少數成功做到的人，如果性情不合適，還是無法從中受益。這是為何巴菲特和蒙格一直回頭研究葛拉漢：真正逆向操作的人，需要過人的勇氣和絕對的冷靜。巴菲特常常談起葛拉漢提供的「情感架構」；蒙格則說，大部分投資人無論多聰明都不會成功，是因為他們

的「性情不對」。我喜歡拿古希臘哲學的一個字來形容這一點：*ataraxia*（意思是心平氣和），或是泰然自若。這點在蘇格拉底接受審判時看得到，在納珊・海爾（Nathan Hale）被吊死時看得到，在二〇〇九年三月觸底之前，巴菲特投資高盛（Goldman Sachs）以及蒙格買進富國銀行（Wells Fargo）時看得到。

——史威格，與作者電郵通信，二〇一四年十月

為了更清楚理解蒙格在投資方面的想法和方法，我建立一套由三個要素組成的架構：**原則**、**正確素質**，**以及變數**。這個三部曲架構只是一種模型，可用來理解蒙格對投資的想法和方法。其他理解蒙格的方法或許同樣有用。建立這個架構的另外一個企圖，是設計一份投資時可用的檢查清單。蒙格強烈支持面對人生挑戰時採用檢查清單：

我深信以檢查清單來解決難題。你必須把所有可能和不可能的答案都放到眼前，否則很容易錯過重要的東西。

——蒙格，威斯科年會，二〇〇七年

設計檢查清單的部分好處，在於寫下想法的過程。我一直很喜歡巴菲特所強調的，實際寫下想法的重要性。在巴菲特看來，如果沒有辦法寫下來，就是還沒有考慮透澈。

為了充分實現本書以蒙格為名的承諾，有必要從討論葛拉漢價值投資基本原則開始，因為這樣有助於傳達本書的概略方向。葛拉漢創造的價值投資四大基本原則如下：

- 將股票股份視為擁有企業的擁有權比例。
- 以內在價值（intrinsic value）的大幅折扣買進，方能創造安全邊際（margin of safety）。
- 將兩極化的市場先生當成你的僕人，而非主人。
- 要理性、客觀、冷靜。

蒙格曾說這四個葛拉漢原則基石「永遠不會過時」。不遵循這些原則的投資人，就不是葛拉漢價值投資者。葛拉漢價值投資系統就是這麼簡單。

蒙格還認為，培養並辨認某些個人特質，是葛拉漢價值投資者的基本要點。那些特質代表我這個架構的「正確素質」（right stuff）。蒙格認為能夠培養這些特質的投資人，可以訓練自己避開常見的心理錯誤和情緒錯誤，成為成功的投資人。沒有人能夠近乎完美，但我們總能慢慢改善。蒙格相信，如果沒有時時努力改善那些特質，我們會再次陷入舊有的錯誤和蠢事。

本書的最後部分將討論，葛拉漢價值投資者若要建立自己的投資風格與方法，有哪些選擇。換句話說，可以在四個基本價值投資原則之上，建立葛拉漢價值投資系統的變化。沒有兩個葛拉漢價值投資者所執行的投資系統會完全相同。就像巴菲特曾在一個例子中指出，他和蒙格雖然「幾乎就像連體嬰」，[3]但他們的投資方法還是有些差異。

與投資相關的教與學，基本上機會無限。蒙格喜歡說，成功的投資人永遠不會停止當個「學習機器」。這種學習、再學習的必要，代表投資人必須不斷閱讀和思考。蒙格曾說，他不認識有哪個成功的投資人沒有大量閱讀。他自己的小孩形容他是「長了兩條腿的書」。閱讀和學習需要真的下功夫。有句禪偈可套用在這裡：「說到與價值投資有關的事，很多人寧可啃菜單而不是真的吃東西。」我學到不僅要用功，還要熱愛用功，因為能滿足心智。至少可以學會享受過程，說不定還會愛上它。

結束這篇序言之前，我應該對本書略做說明。本書的形式很簡單。引用蒙格的語錄按照邏輯順序安排，通常緊接著的就是我的解釋說明。除非另外指明，否則引述語錄都是蒙格說的話。本書最後有詞彙表，如果看到不熟悉的用語（例如，**淨現值**），可隨手查詢定義。

教導蒙格的思想，最好的方法就是深入檢驗他在生活中最主要的專業活動。本書的焦點在於蒙格身為投資人的思路。蒙格曾將成為成功投資者稱為「訓練有素的反應」。他相信，如果能夠學會克服導致拙劣決策的行為，就比其他投資人多出優勢。本書的脈絡大多在於蒙格如何投資，但討論內容同樣適用於人生其他方面的決策。掌握了支撐蒙格思想與方法的架構，看他的每一則公開聲明會更有意義。舉例來說，了解他所說的**普世智慧**（worldly wisdom）和**人類誤判心理學**（psychology of human misjudgment），可以做出更好的決策。學習蒙格的思想和方法將永遠改變你對投資及人生的想法。你會做出更理想的決策，更快樂，人生也更加充實。

第一章

葛拉漢價值投資系統的基本原理

我們就從最基本的問題開始：葛拉漢價值投資系統是什麼，以及誰能從中獲益？

（葛拉漢）嘗試發明一套所有人都能用的系統。

——蒙格，南加州大學商學院（University of Southern California Business School），一九九四年

葛拉漢系統的關鍵重點就是這套系統很簡單。有太多人會找個問題出來，創造出根本不需要的複雜東西。就拿美國太空總署（National Aeronautics and Space

Administration, NASA）一個沒必要複雜化的老笑話來說。說故事的人話說從頭，太空總署從早期一項太空計畫中發現，原子筆在零重力狀態下無法運作。於是太空總署的科學家花了十年時間並投入巨資開發出一種筆，不但可以在極度低溫、零重力狀態下寫字，而且幾乎任何平面都能用，不管太空人是什麼姿勢。笑話的重點是：俄國人索性用鉛筆。葛拉漢價值投資具備鉛筆本身的簡單特性。

蒙格相信，葛拉漢將價值投資系統設計成相當容易理解和施行，對一般人才有價值。葛拉漢價值投資不是主動投資或投機的唯一方法。舉例來說，創投（**venture capital**）和私募股權（**private equity**）就是迥異於價值投資的投資方法，但蒙格認為，這些**主動**投資系統對普通投資人來說，不如葛拉漢價值投資那般容易接觸到。所謂的指數型（或被動）投資方法稍後會討論。

巴菲特說，投資很簡單但不容易。葛拉漢價值投資者犯錯時，通常是因為他們做了人類難以避免的事，例如忘記葛拉漢價值投資系統固有的簡單，脫離了系統的基本原則，或是犯了與系統實施有關的心理錯誤或情緒錯誤。

由於投資是機率活動，做決定的方法或許基本上完善健全，但有時結果不盡理想。

有時候就算過程的安排與執行得當，還是會產生不利的結果。不過，長期來說，專注在遵循正確的流程而非中期的具體結果，總歸是明智的做法。蒙格認為，在創立一套成功的投資流程時，複雜不是投資人的朋友。

我們對保持事情簡單抱持一股熱情。

——蒙格，威斯科年會，二〇〇二年

彼得．貝弗林（Peter Bevelin）的書《尋找智慧：從達爾文到蒙格》（*Seeking Wisdom: From Darwin to Munger*），有一部分談論簡單的重要性。貝弗林建議：「化繁為簡。將問題分解成要素，但要從整體看問題。」[1]「盡可能保持簡單，如此而已，這是蒙格在公開聲明中常見的主旨。蒙格和巴菲特在一封聯合給股東的信中曾經寫道：「簡單讓我們可以更了解自己在做什麼，並得以改善績效表現。」[2]

專注在找出容易的決策和賭注，避免困難的決策，排除無關的東西，蒙格相信投資人這樣就能做出更好的決策。「關掉蠢事」並揮走不重要的事，「腦子就不會塞滿那些東西……更能挑出幾件合理的事來做，」蒙格如此說。[3]專注可以讓思考簡單清晰，而在蒙格看來，這就能導向更正面的投資結果。

如果有件事太難，我們就換做別的事。還有什麼比這更簡單？

——蒙格，波克夏年會，二〇〇六年

我們有三個籃子：進、出，還有太難……我們必須有獨到的見解，否則就會把它放進「太難」的籃子。

——蒙格，威斯科年會，二〇〇二年

葛拉漢價值投資系統的設計，是要移除流程中任何可能導致投資人犯錯的決定。這個「可」（yes）的籃子相較於另外兩個要顯得微小，因為導致「可」的投資決策很少出現。

不是所有公司都能用葛拉漢價值投資流程精確估算價值。遵循葛拉漢系統的人自然了解這一點，並換到其他容易的決定。葛拉漢價值投資者承認不知道如何精準評估一家公司，常令一些人困惑不解。蒙格曾用一個比喻說明：

> 孔子說過，知之為知之，不知為不知，是知也。亞里斯多德和蘇格拉底也說過同樣的道理。受教或學習是一種技能嗎？可能是，如果取決於最後結果的利害關係夠多的話。有些人格外了解自己知識的極限，因為他們必須如此。想像有個人當了職業走鋼索演員二十年，而且僥倖存活。除非他明確了解自己知道什麼、不知道什麼，否則不可能走鋼索二十年還能活下來。他非常努力，因為他知道如果有一點差錯，他就會沒命。倖存者都知道。
>
> ——蒙格，史威格專訪，二〇一四年

葛拉漢價值投資並非賣弄或嘲笑某人的聰明才智，而是做那些不太可能導致錯誤的事。

成功的葛拉漢價值投資者還會辛勤努力，降低投資的不利風險。因此在股市平淡或下滑時，葛拉漢價值投資系統通常最為耀眼。葛拉漢價值投資系統刻意設計在行情看漲期間，表現低於指數；這讓許多人困惑不解。葛拉漢價值投資系統在牛市期間表現不如大盤，不過是這種投資風格的部分本質。藉由放棄在牛市的一些有利走勢，葛拉漢價值投資者得以在市場平淡或下跌時超越大盤。就如賽斯・克拉曼（**Seth Klarman**）在《安全邊際》（*Margin of Safety*）書中寫的：「大部分投資人主要以報酬為目的，關心可以賺多少，卻很少關心風險、可能損失多少。」[4] 他又說：「以規避風險、長期導向的回報，正好就是：長期。」[5]

有個故事可進一步說明這一點。有一天，一個投資人走在公園裡，看到一隻青蛙坐在池塘邊的木頭上。那隻青蛙直直看著她說：「請問，你是投資人嗎？」

投資人回答：「對，我是。為什麼這樣問？」

「喔，」青蛙回答：「我是股市投機客。我最好的客戶不喜歡我的投資成績，所以對我下咒，現在我成了一隻青蛙。如果有個投資人吻我，咒語就會解除。」

投資人立刻伸手撿起那隻青蛙，放進手提包，邁步走回家。青蛙擔心自己得不到親吻，於是問：「你在做什麼？我什麼時候可以得到親吻？」

投資人回答：「我才不會吻你呢。對我來說，會說話的青蛙可比股市投機客的價值高多了。」

如果無法接受為了達成長期超越大盤而短期績效不如大盤，那麼你就不是葛拉漢價值投資的理想對象。這不是悲劇，因為葛拉漢價值投資系統並非唯一投資成功的方式。重點是，葛拉漢價值投資者的目標是超越絕對表現，而非只是相對表現。投資人動用不了相對表現的收益，唯有真正的績效表現才能用。

因循慣例而失敗並非葛拉漢價值投資者的目標。蒙格的做法是翻轉多數人的方法：

> 值得注意的是像我們這樣的人，努力堅持不犯傻，而非努力保持非常聰明，能夠得到多少長期優勢。俗話說「善泅者溺」，必定有些道理。
>
> ——蒙格，威斯科年報，一九八九年

> 另一面是什麼，有什麼會出錯而我沒看到的？
>
> ——蒙格，《富比世》（*Forbes*），一九六九年

蒙格反轉尋常的方法解決問題，這種傾向在遇到投資時尤其明顯。在他看來，投資人只要少犯傻，財務表現會更好。蒙格從代數借用的一個核心概念就是，許多問題倒回去解決會更好。舉例來說，藉由避免做蠢事，通常就能透過減法發現自己想要什麼。藉由排除生活中可能誤入的蠢笨路徑，就能發現最好的前進路線，即使不可避免會有風險、不確定，以及無知。人通常對於什麼是錯比什麼是對了解更多，而且反駁某件事可能也只需要觀察。簡而言之，蒙格的看法是，最能表現聰明的方法就是不犯傻。蒙格有次接受史威格訪問時簡單說明：「知道自己不知道什麼，比聰明絕頂更有用。」

蒙格努力找出明顯有重大正面成果的投資。因為這類投資很少發現，蒙格建議要非常有耐心，但在時機正確時，也要準備好非常積極投資。用棒球做比喻，蒙格知道投資沒有三振，所以沒有必要每一球都揮棒。當你找到一個明顯大為有利的機會，蒙格的建議很簡單：賭大的！

所有股票投資人加總起來承擔的每年績效劣勢，等於所有莊家聯合起來決定承擔的成本。這是人生中無法迴避的事實。同樣無法迴避的還有，在莊家拿走屬於自己的一份後，有一半投資人的成績會低於中間表現，而中間表現大概就介於令人意興闌珊和非常糟糕之間。

——蒙格，《慈善》（*Philanthropy*），一九九九年四月

蒙格在上面一段話想表達的是，扣除各種費用支出之後，投資是不及零和的遊戲，這從數學觀點來說無可辯駁。非營利共同基金業者先鋒（Vanguard）創辦人約翰．伯格（John Bogle），或許是努力宣傳這個簡單概念最成功的人。伯格寫道：「市場的諸多領域中，每出現一個贏家，就會有一個輸家，所以平均下來，投資人會得到市場扣除費用之後的報酬。」[6]哥倫比亞商學院（Columbia Business School）教授、投資人及作家布魯斯．格林沃德（Bruce Greenwald）對這一點有自己的說法，我認為很有說服力：

唯有在一片愁雲慘霧之際，投資才有可能超過大盤。所有投資人的平均表現必定是所有資產的平均表現。如果以相對大盤來看，這是個零和遊戲。每一筆交易都有兩造。最理想的思考方式是，每當你買一檔股票，就是有人在賣股票……所以

你一定要問這個問題：「我憑什麼是這筆交易正確的一方？」

——格林沃德，《改善》（*Betterment*）專訪，二〇一三年

如果市場完全有效率，葛拉漢價值投資就行不通。因此，市場的愚蠢行為是葛拉漢價值投資者良機的基本來源。

蒙格對投資何以困難的說法很簡單：

所有人都能在股市大有斬獲的想法本來就很瘋狂。沒有人會指望每個玩撲克牌的人都能成功。

——蒙格，《每日新聞》（*Daily Journal*）大會，二〇一三年

如果（投資）沒有一點困難，所有人都有錢了。

——蒙格，《投資奇才曼格》（*Damn Right*），二〇〇〇年

若有證券定價錯誤，肯定有人是大笨蛋。這對全世界可能不好，但對波克夏並沒有不好。

——蒙格，威斯科年會，二〇〇八年

由於投資人集體表現得像「大笨蛋」的程度每次不同，創造投資收益的機會難免也起伏不定。成功的葛拉漢價值投資者把大部分的時間花在閱讀及思考，等待無可避免的重大蠢事冒出來。雖然葛拉漢價值投資者看好長期市場，但他們不會根據股票或市場的短期預測做出投資決策。遇到這個概念，一般人通常會問：「你的意思是說，葛拉漢價值投資者會等待定價錯誤的資產出現，而不是預測短期的未來？」答案是斬釘截鐵的「是」！葛拉漢價值投資者的工作，就是在看到定價錯誤的資產時要能辨識。許多人很難接受這種方法。這個系統的核心概念就是，投資人必須拋開對未來做短期預測的欲望。有些人就是做不到。克拉曼寫道：

價值紀律似乎夠簡單了，但是要讓多數投資人理解或遵守顯然有難度。正如巴菲特經常觀察到的，價值投資並非可以慢慢學習並應用的概念。不是立刻吸收並採用，就是永遠學不會。

——克拉曼，《安全邊際》，一九九一年

之後我們會解釋到，葛拉漢價值投資者最大的活動時機，就是在構成市場的眾人恐懼擔憂時，跡象證明有定價錯誤的資產可以買進。諷刺的是，正因市場走跌，葛拉漢價值投資者才能發現最大的獲利來源。

蒙格指出這一點：

大部分嘗試（投資）的人做得並不好。但問題在於，即使有九〇%不好，所有人四下張望之後還是說：「我是那一〇%。」

——蒙格，威斯科年會，二〇〇四年

人性的這一面可能頗困擾理財規劃人員。明知客戶真正打敗大盤的機率渺茫，還是告訴他有可能，這樣會不會有危險？這件事本身可能不危險，但肯定會造成很大的風險。接下來是有關投資常見、但非常中肯的建議，大部分的情況都適用：

> 投資人不可能一直超越大盤。因此，你最好投資低成本指數型基金〔或指數股票型基金（exchange traded funds, ETF）〕的多元投資組合。

雖然這個建議大致正確，但以蒙格、巴菲特、克拉曼、霍華德・馬克斯（Howard Marks）、比爾・魯安（Bill Ruane）以及葛拉漢價值投資者的情況，卻又證明是錯的。蒙格曾說：「投資管理業界的前三%、四%做得不錯。」[7] 蒙格能超越大盤，不見得代表你也可以；不過，這代表有些人可能做得到。蒙格曾就葛拉漢價值投資系統說出以下這番話：

那是一套非常簡單的想法，而我們的想法無法散播得更快，原因就在於太過簡單。如果就只是這麼些東西，那些專業人士找不到證明他們存在的理由。

——蒙格，英國廣播公司（BBC）專訪，二〇〇九年

成功學習葛拉漢價值投資系統，特別是加以施行，那就是蒙格所說的「訓練有素的反應」。必須學會克服某些導致拙劣決定的行為。如果能夠成功做到這一點，蒙格相信你可以建立超越其他投資人的投資優勢。訓練有素的反應有部分是避開引人分心的雜音，而製造雜音的是那些不了解投資的人，或是不讓你了解投資，他們可從中獲得金錢利益的人。有些人靠著把投資過程弄得過度複雜來賺取收入，利用投資人的心理和情感功能失靈而謀生，這些人把投資變得十分艱深。蒙格說過一個與投資經理人的激勵誘因相關的故事，非常有啟發性：

我想，為什麼會出現投資管理這種白痴行為，最能說明理由的，就是我說的一個賣釣具的人的故事。我問他：「我的天啊，紫色和綠色。魚真的會喜歡這些誘餌

嗎？」他說：「先生，我又不是賣給魚。」

——蒙格，南加州大學商學院，一九九四年

靠著賣簡單的東西來謀生，對一些人來說有困難，但那是投資人最好的方法。幸好，理財規劃的作用和財富管理的流程分開。理財規劃專員提供給客戶的最大價值，只是協助控制投資人情感與心理功能失靈的情況。如果這種行為調整奏效，理財規劃專員會用上一連串的技巧，幫助你別成為自己最大的敵人。有些時候，激烈競爭會導致理財規劃與財富管理業務降低手續費，並增加透明度。這種競爭促使許多理財規劃人員專注在對顧客更有價值的服務，例如退休規劃及遺產規劃；有些財富經理人的收費也跟著下降。

對於那些認定不應該企圖超越大盤的人，蒙格的建議很簡單：

對於展望長期前景、但一無所知的投資人，我們的標準處方就是免佣指數型基金（no-load index fund）。

——蒙格，《吉普林格》（*Kiplinger*）專訪，二〇〇五年誰是「一無所知」的投資人？在蒙格看來，答案很簡單：一無所知的投資人，就是不了解投資基本原理的人。克拉曼對一無所知的投資人有個簡單的建議：「如果不能打敗市場，那就當市場。」[8]

巴菲特同意：「舉例來說，定期投資一檔指數型基金，一無所知的投資人確實可以超越多數投資專業人士。矛盾的是，當『傻』錢承認自己的局限，就不再傻了。」[9]巴菲特說的，其實就是究竟應該當個主動投資人，還是被動投資人的問題（他從葛拉漢那裡學到的概念）。

被動投資者並非完全被動，他們還是要做選擇。舉例來說，被動投資者必須做資產配置的決定（也就是要做哪一類型的投資），並決定這些資產類別要用哪些指數類別。在做這些選擇時，投資人還是會犯下情感及心理錯誤。

就算被動投資者必須做些決策，他們還是被說被動，因為他們沒有像主動投資者做那麼多決定。比較理想的做法或許是稱這些被動投資人為**指數投資者**（index investor）。如果一個人投資指數型基金與指數股票型基金的多元投資組合，他就是指數投資者。如果一個人挑選個股和其他證券，那就是主動投資者。許多人從事主動投資和指數投資的混合。例如，有些指數型基金略為調整，納入一些可以改善績效的因子選項。這種納入因子的指數投資風格，在本書最後會討論：價值投資與因子投資。

當個主動投資者，而且在扣除費用支出之後還能超越大盤，聽起來似乎不錯。不過，當個成功的主動投資者需要大量時間和努力，加上正確的性情特質。如果你不能享受，為什麼要做？威廉．伯恩斯坦（William Bernstein）這樣寫道：

> 成功的投資人……必須對過程懷抱興趣。這和木工、園藝，或育兒沒什麼差別。如果財富管理不能讓人愉快，表現難免不盡如人意，遺憾的是，大部分人享受理財的程度跟做根管治療一樣。
>
> ——伯恩斯坦，《投資人宣言》（*The Investor's Manifesto*），二〇一二年

無論如何，投資人還是必須做出好幾個關鍵投資決策，而理解蒙格的思想和方法，可以幫他們決策更成功。哥倫比亞大學商學院教授格林沃德將難題總結如下：「情感絕對是你的敵人。你要當個特定的突變種，對於何為有吸引力的投資，方向正好與別人背

道而馳。」[10]你能成為格林沃德教授描述的突變種嗎？

閱讀本書時，想想自己究竟有沒有如蒙格一般，具備當個成功葛拉漢價值投資者應有的正確素質。你能理解並執行那些原則，做出必要的價值投資變數選擇嗎？你極可能發現整個投資過程太無聊，而無法成功戰勝市場。你可能得到的結論是，你太容易分心，可能在錯誤的時機恐慌，或者太常跟著群眾湧向表現欠佳的投資。如果你無法當個成功的葛拉漢價值投資者，或者不想付出應有的努力，就投資低成本指數型基金和指數股票型基金的多元投資組合吧。

有些投資人為了好玩而故意做些小額的主動投資，差不多就像到賭城小賭一把。只要能記住賭博就是賭博，這樣做也算合理。明白賭博和投資的差別很重要。投資是推遲現在消費、期望將來能消費更多的一種行為。投資人期待正數的實質投資報酬率，即使可能不會發生（特別是短時間）。換句話說，投資是淨現值為正的活動（潛在獲益淨現值的可能性，扣除潛在損失淨現值的可能性之後為正數）。賭博是此刻消費的形式，這種活動的長期淨現值為負。許多人以為自己在投資，其實是在賭博。

有些人企圖超越大盤，基本上只是說：「我大可聰明地挑選其他透過主動投資而超越大盤的人。」蒙格認為，如果有什麼和主動投資有關的事值得一做，那麼就值得自己做。蒙格針對這一點曾說：

我想，比起那些認為無論事情多複雜，只要聘用信譽可靠的人，一切都能迎刃而解的人，至少你犯的錯會少一些。只要保持思考簡單，你不必把思考外包。

——蒙格，波克夏年會，一九九四年

蒙格的意思是，將主動投資外包給別人，例如投資經理人或經紀人，比自己做更難。自己做的方法之一，就是購買多元投資組合或指數型基金／指數股票型基金。可惜這種方法不足以獲得財務上的成功，因為投資人還是必須做重要的投資選擇，他們還是常常在「追逐績效」，在市場走高時買進基金／指數股票型基金，在市場走低時賣出。如果指數投資者不需要做選擇，投資人和他們購買的投資基金，就不會有將近二％的行為差距。換句話說，就算你選擇當個指數投資者，也買了基金／指數股票型基金的低成本投資組合，還是需要培養訓練有素的反應，讓你可以克服會導致犯錯的行為偏差。蒙格傳授的投資方法，也有適用於指數投資者的地方。本書描述的想法和方法，對指數投資者依然非常重要。

第二章
葛拉漢價值投資系統的原則

最重要的想法就是將股票視為對企業的擁有權。

——蒙格，《哈佛法律學報》（*Harvard Law Bulletin*），二〇〇一年

了解如何當個好的投資人，可以讓你成為更優秀的企業經理人，反之亦然。

——蒙格，《吉普林格》，二〇〇五年

第一項原則：將股票股份視為擁有企業的擁有權比例

葛拉漢價值投資系統的第一個原則，是進行任何價值評估的基礎。簡單來說：如果你不了解公司的真正業務，就無法了解與業務相關的資產價值，例如股票或債券。葛拉漢價值投資者對待估價，如同實際在未公開交易（private transaction）中購買企業。購買企業時，蒙格相信起點應該從底部，也就是企業的基本面，往上進行。這家公司賣什麼？顧客和競爭對手是誰？哪些重要數字可以代表業務創造的價值？投資人必須回答的重要問題清單非常廣泛。對真正的葛拉漢價值投資者來說，由下而上的估價流程沒有替代品。進行這個流程時，葛拉漢價值投資者會專注在企業存在期間產生的現金流現值，以及企業能否創造持久且穩定的高資本報酬率。這個流程存在許多補充變數，但估價流程的基本核心對所有葛拉漢價值投資者是一樣的。

真正的葛拉漢價值投資者就像偉大的偵探。他們不斷由下而上尋找線索，了解過去的狀況，以及更重要的是現在的情況。葛拉漢價值投資者像蒙格，會避免根據預測和預報，揣測現金流未來的變化。蒙格尋找的企業，要具備持久穩定高財務報酬的重要歷史紀錄。如果評估企業需要依據科技快速變化之類的因子，掌握現金流未來的變化，蒙格會將這家企業放進**太難**的那一堆，並繼續評估其他公司。蒙格說得很清楚，他沒有辦法評估所有的公司，但他覺得無妨，因為他認為沒有這個必要。有太多公司可供蒙格以自己的方法評估價值，足以讓他當個快樂的投資人。

了解這第一項原則的關鍵，就是要明白，蒙格相信股份不能脫離具體業務的基本面。若有人懷疑他的方法，蒙格的反應可用一個問題說明：如果股份不是一家企業的部分股本，那麼到底是什麼？《華爾街日報》的史威格是葛拉漢價值投資者的偶像，他曾寫過：「一檔股票並非只是個代號或電子光點，而是擁有一家實體企業的股權，其根本價值並非取決於股價。」[1]對葛拉漢價值投資者來說，ＩＢＭ的股份就是擁有ＩＢＭ整體事業的一小部分。蒙格相信，對待公司的股份若像評估棒球卡的價值，那是輸家的玩法，因為那需要預測通常不理性又情緒化的人類行為。葛拉漢價值投資者會將對群眾心理的短期預測，放進**太難**那一堆，而專注在自己輕輕鬆鬆就能做到的事。葛拉漢價值投資者在做企業評估或投資時，不會花時間在由上至下的因素，如貨幣政策、消費者信心、耐久財訂單，以及市場信心。

買賣證券時，動機應該與內在價值有關，而非價格動能。

——蒙格，《投資奇才曼格》，二〇〇〇年

正如葛拉漢曾經提出的：「有一個幾乎令人無法置信的事實就是，華爾街從來不問：這項**事業**值多少？」[2]

像蒙格或巴菲特這種知名的葛拉漢價值投資者，或許會針對當前經濟情況或市場指標發表聲明，但並不表示他們是依據這樣的觀點購買股票，或是他們認為自己可以成功預測總體經濟的短期情勢。知名的葛拉漢價值投資者或許也在媒體和研討會上，就經濟的長期未來趨勢發表正面的說法，不過，這並不代表他們根據這些預測做投資。有興趣了解，和對做投資決策有用，兩者有天壤之別。舉例來說，蒙格和巴菲特都是出了名地看多美國經濟長期前景，但不表示他們會對經濟做短期預測，或是將看法納入投資決策。

蒙格對很多觀點都堅定不移，包括這個核心信念：必須先評估企業，才能評估股票。葛拉漢價值投資者定出資產價格，是根據資產對私人投資者目前的價值（根據現在及過去的數據），而非預測未來的市況。如果專注在企業的價值，就不需要預測經濟的短期變化，因為船到橋頭自然直。股票便宜時，大家會害怕；股價昂貴時，大家又貪心。

一窩蜂做蠢事是人類的天性，在某些情況下就像旅鼠，這可以解釋聰明絕頂的人大部分的愚蠢想法，以及大部分的愚蠢行為。

——蒙格，《慈善》圓桌會議，二〇〇〇年

在葛拉漢價值投資者看來，如果評估股票不追蹤企業，那就是**投機者**，而不是**投資者**。如果你是投資者，會努力了解資產的價值。相反，投機者會藉由預測其他人未來的行為，企圖猜測資產的價格。換句話說，投機者的目標是預測群眾的心理，如果你聰明又有經驗，就知道那是需要警惕的想法。你有多擅長預測一群烏合之眾的行為？和這種傾向相關的重大危險就是，你最後會跟著群眾做出蒙格這裡說的事：

從眾行為會導致退回平均值（只有一般的表現）。

——蒙格，《窮查理的普通常識》（*Poor Charlie's Almanack*），二〇〇五年

當投機者花時間企圖揣測其他投機者正在揣測什麼，整個過程立刻變成荒謬的循環。葛拉漢價值投資者不會將股票或債券當成一張可以來回交易的紙。他們也不會花一點時間觀看股價走勢的技術圖表，尋找類似**雙底**（double bottoms）或**興登堡警訊**（**Hindenburg omens**）之類的東西。投機者的財務績效一言以蔽之，悽慘，特別是扣除手續費、成本，以及稅項之後。就算投機者做對了，了不起也只是偶爾準確。投資人往往把運氣和技巧混為一談。

蒙格堅信葛拉漢的看法：「投資操作經過徹底分析，就是承諾保全本金並有足夠的報酬。不符合這些必要條件的操作都是投機。」[3]巴菲特也有類似的說法：

> 如果你是投資者，你會觀察資產要做什麼；如果你是投機客，一般都專注在標的物的價格走勢，那不是我們的玩法。
>
> ——巴菲特，《傑出投資者文摘》（*Outstanding Investor Digest*），一九九七年

如果一直跟著眾人下注，就無法打敗大盤，特別是扣除手續費、成本及稅項之後。

要超越大盤，有時必須逆向操作，而且逆向操作正確的次數必須夠多。

舉例來說，利用過去的價格表和其他類似巫毒魔法的手段，從事股票當沖的人就是投機者。你會聽到他們說市場會如何表現，而不是特定股票的價值如何。根據一張表猜測市場行為就只是猜測！投機者專注在價格，無論是一張舊的棒球卡還是一檔股票。葛拉漢價值投資者的觀點迥異於投機者。克拉曼寫道：「技術分析的根據，是假設股價的未來可用過去的股價曲折走勢解釋，而不是基本的企業價值。」[4]

巴菲特在一封「董事長的信」中，用一個故事說明從眾行為的危險：

葛拉漢四十年前說過一個故事，說明為何投資專業人士會有那樣的行為。一個石油探勘人員蒙主寵召，卻被聖彼得告知壞消息。「你有資格住下來，」聖彼得說：「但你也看到了，保留給石油業人員的院子已經擠滿人。沒有辦法把你塞進去。」想了一會兒之後，探勘人員問，他能不能對目前的住戶說句話。這對聖彼得來說似乎沒有妨害，於是探勘人員雙手圈在嘴邊大聲喊道：「地獄發現石油了！」瞬時，院子的大門打開，所有石油從業人員衝出來前往地獄。目瞪口呆的聖彼得邀請探勘人員進去安置。探勘人員頓了一下。「不用了，」他回答：「我想我得跟其他人一起過去。畢竟謠言可能也有些部分真實。」

——巴菲特，一九八五年

約翰．梅納德．凱因斯（John Maynard Keynes）將投機定義為：「預測市場心理的行為。」[5] 凱因斯繼而指出，投機者必須思考其他人在想什麼，思考其他人對市場的想法（並不斷重複下去）。以現在所謂的「凱因斯選美競賽」（Keynesian beauty contest）為例，評審被告知不能挑選最美的女子，而是挑選他們認為可能被其他評審選為最美麗的參賽者。這種競賽的贏家可能迥異於傳統選美比賽的贏家。凱因斯對這種比賽的說法是：

這不是根據一個人的最佳判斷力挑選真正最美麗的（臉孔），也不是一般意見真心認為最美的。我們到了第三個層次，將我們的智力用在預期一般看法對一般看法的預測。而我相信，有些人還會進行到第四、第五，甚至更高層次。

——凱因斯，《通論》（*General Theory*），一九三六年

一些推銷員是如何學習操縱這個過程，可以用個故事說明：很久以前，有個人帶著助手來到一個很小的小鎮，放出消息給鎮民，表示他願意以每隻一百美元的代價收購猴子。當地人知道附近的森林有很多猴子，於是立刻去捉。幾千隻猴子以一百美元的價格買下後，放到一個大籠子裡。可惜，猴子的供應很快就減少到好幾個小時才抓得到一隻。

那個人又宣布，他要以每隻二百美元買猴子，鎮民付出雙倍力氣捕捉猴子。但幾天之後，實在太難找到猴子，鎮民便不再費力捉了。於是那個人又宣布，等他去一趟大城帶回更多現金之後，將以五百美元買猴子。

那個人離開後，他的助手逐一告訴村民：「我以三百五十美元偷偷把老闆的猴子賣給你們，等他從城裡回來，你們可以用每隻五百美元賣給他。」

村民便買下所有的猴子，但再也沒有見到那個人和他的助手了。

霍華德・馬克斯建議葛拉漢價值投資者專注在他們現在所知，而非未來走向，因為顯而易見，你手上關於目前的數據雖然多，但有關未來的數據一定付之闕如。就像霍華德・馬克斯在做投資決策一樣，蒙格會專注在特定企業此刻的狀況，並謹慎避免預測未來。巴菲特這樣說：「我怎麼也不會用預測或預報。那些會建立一種看似精準的假象。預測愈是嚴密精細，你就愈應該擔心。我們從來不看預測，但我們非常關心歷史紀錄，也看得很深入。如果有家公司的歷史紀錄很糟糕，但未來非常光明，我們會略過這個機會。」[6]蒙格同意他的說法：

（預測）是由對特定結果感興趣的人拼湊起來的，潛意識帶有偏見，而且外表看似精準的反而靠不住。它們讓我想起馬克．吐溫（Mark Twain）說的：「礦場就是一個由騙子擁有的地洞。」預測在美國通常是謊言，只是並非故意說的謊言，卻是最惡劣的一種，因為做預測的人通常自己都相信。

——蒙格，《巴菲特開講》（*Buffett Speaks*），二〇〇七年

我不會讓別人為我做預測，因為我不想吐在辦公桌上。

——蒙格，加州大學聖塔巴巴拉（Santa Barbara）分校，二〇〇三年

有個關於短期預測者的謎語我聽過好多次：蒙格、復活節小兔子、超人，以及成功的投資銀行預測師，在一個正方形大交易廳各占一角。交易廳中央有一大疊百元紙鈔。如果他們同時朝中央起跑，誰能拿到那筆錢？答案是蒙格，因為其他三者並不存在！

堅持容易的投資活動、避免困難的問題，並根據目前確實存在的數據做決策，葛拉漢價值投資者就能大幅提高成功機率。如果知道自己在做什麼，基本業務也容易理解，想掌握現況自然比較容易。但是一定要謹慎，因為很多推銷人員能成功利用類似「預測現在」的技巧，傳達他們是成功投機者的印象。預測現在當然比預測未來容易得多。仔細想想接下來這個投資者遇到預測師的故事。有個駕駛熱氣球的人發現自己偏離航線。他降下熱氣球的高度，結果看到自己置身在一棟辦公大樓上方。大樓外面有個人看到熱氣球上的人並揮手。

駕駛熱氣球的人大叫：「不好意思，請問你能告訴我，我這是在哪裡嗎？」

那個人大喊：「你在熱氣球裡面，在這家投資銀行總部上方約一百五十英尺。」

駕駛熱氣球的人回答：「你一定是這家投資銀行的預測師。」

那個人滿臉訝異地說：「對，沒錯！你怎麼知道？」

「這個啊，」駕駛熱氣球的人說：「你告訴我的事情技術上完全正確，但對誰都沒用。」

判斷一家企業的價值，最好的方法是根據私人投資者願意為整體業務付出的價格。比方說，克拉曼決定**他**願意為一項資產支付的價格，會稱之為私有市場價值（private market value, PMV）。

GAMCO投資公司對私有市場價值的定義如下：

> 私有市場價值是見多識廣的企業家，願意支付於購買有相似特點之資產的價值。我們衡量私有市場價值，是藉由詳細檢查資產負債表上與表外的資產與負債，以及自由現金流量。至於背景調查，則是檢驗公開市場的估價與交易。我們的投資目標，是為客戶達成較通膨高出一〇%的年報酬率。[7]

這種價值計算有很多不同方式，以下將會說明，但所有葛拉漢價值投資者都避免根據大眾意見評估股票。有關這一點的實際說明，探究蒙格為何不買黃金便可一窺端倪。

蒙格不買黃金投資，是因為黃金不可能做由下而上的基本面評估，也不是能創造收入的資產。黃金有投機價值與商用價值，但在蒙格看來，並無可計算的內在價值。巴菲特曾說，他樂於接受黃金當禮物，但不會買來當投資。判斷投機價值完全就是預測群眾心理，那是蒙格不想玩的遊戲。我們將會討論到，對葛拉漢價值投資者而言，私有市場的內在價值評估，就是資產必須能創造自由現金流量。

第二項原則：以內在價值的大幅折扣買進，來創造安全邊際

> 安全邊際的概念是葛拉漢準則，絕對不會過時。
>
> ——蒙格，威斯科年會，二〇〇三年

> 無論（一家企業）有多美好，都不值得天價。有鑑於人生常見的變化無常，必須有個能提供安全邊際的合理價格。
>
> ——蒙格，英國廣播公司專訪，二〇〇九年

蒙格說明了一點，如果葛拉漢價值投資者心中有單一原則勝過其他原則，那就是安全邊際。沒有人比葛拉漢本人更清楚解釋這一點：

> 遇到要將完善的投資祕訣精煉成簡單幾個字的這種挑戰，我們大膽提出這個格言：安全邊際。
>
> ——葛拉漢，《智慧型股票投資人》，一九四九年

安全邊際是什麼？葛拉漢給**安全邊際**的定義是：「一方的價格與另一方指定或**評估**的（內在）價值，存在有利的差距。」[8]內在價值是未來現金流的現值。安全邊際反映出內在價值與當前市場價格之間的差距。根據葛拉漢的說法，安全邊際的目的相當簡單：「安全邊際的功用，基本上就是讓精準預估未來變得沒有必要。」[9]克拉曼將葛拉漢價值投資系統簡單描述為：以按照安全邊際定義算便宜的低價買進，然後安靜等待。不過，就像湯姆・佩蒂與傷心人樂團（Tom Petty and the Heartbreakers）的歌詞所說的：「等待是最困難的部分。」

對公開市場投資人來說，安全邊際可比擬為在高速公路開車時的安全行車距離。兩者的目的都是避免做預測。你和前車若有足夠的距離，一定能對眼前遇到的狀況做反應，卻不需要預測前方駕駛的動作。如果和前方高速行駛的車輛只有幾英尺的距離，那麼你不單要反應，還需要預測，否則就會發生撞擊。簡單來說，葛拉漢價值投資者的目標，就是以夠便宜的低價買進股份，這樣就不需要預測股市的短期價格走勢。

安全邊際原則對蒙格等人來說理所當然，他們藉由避免困難（例如預測短期未來）而成功。他學會以普通人的欲望解決難題，並以完全不同的方式對待。克拉曼寫道：

> 要達到安全邊際，就是證券的購買價格要遠低於基本價值，保留空間給人性失誤、厄運，或是瞬息萬變的複雜世界中無法預測的極度波動。
>
> ——克拉曼，《安全邊際》，一九九一年

克拉曼說的最後一點非常重要。對複雜系統成功做預測的過程中，失誤是必然的。有了安全邊際，意味著就算你犯錯，還是能夠贏。如果你不犯錯，就會贏更多。蒙格說

得很清楚：

> 在工程學中，我們有很大的安全邊際。但在金融界，我們卻完全不關心安全。任由氣球不斷膨脹、膨脹再膨脹。
>
> ——蒙格，波克夏年會，二〇〇三年

> 如果將股價乘以股數，得到的是出售價值的三分之一或更低，（葛拉漢）會說你有很大的優勢。就算是由一個老酒鬼經營欲振乏力的企業，每股實際價值有如此大幅的超額，就意味著各種好事都可能發生。以他的說法，有了對你如此有利的巨大超額價值，你就有很大的安全邊際。
>
> ——蒙格，南加州大學商學院，一九九四年

蒙格相信投資的安全邊際程序，類似存在於工程學的程序。舉例來說，假設要建造一座橋梁，你若是工程師，就會希望確保橋梁比應付最惡劣狀況所需的強度還要堅固許

多。巴菲特曾經寫道：「當你建造一座橋梁，你堅持它可以承載三萬磅，但只會開著一萬磅的卡車通過。同樣的概念也適用於投資。」[10]蒙格相信投資應該與此相仿。投資的第一法則是：不要犯重大的財務錯誤。第二法則與第一法則相同。

安全邊際原則的背後只是個簡單的概念，亦即以多餘的價值做緩衝，保護你不受犯錯之累。如果以折扣價買進，就有了安全邊際，有助於保護你免受犯錯之苦。這將改善成功的機率。每個人都會犯錯，所以防範這些錯誤的保險是明智的。有適當安全邊際的投資機會並不常見，所以必須有耐心。多數人實在太難抗拒在等待期間做點什麼的誘惑。

正如蒙格多年來的發現，若不改變葛拉漢價值投資系統的四個根本原則，而是在這之上建立一些變數，整個系統就能隨著投資條件變化而進化。

> 葛拉漢的追隨者……開始以不同方式定義低價。他們不斷改變定義，以便繼續他們一直在做的事。而且依然運作得相當良好。
>
> ——蒙格，南加州大學商學院，一九九四年

蒙格在上述引文中使用**低價**（bargain）的字眼非常重要。股票價格被壓低或跌落高點是不夠的。比過去便宜的買價，現在未必就是低價。要達到葛拉漢價值投資者的安全邊際，股票的價值必須比付出的價格高出更多。低價必須低到多少，稍後會討論。葛拉漢價值投資者應該始終牢記一條訓誡：你付出的是價格，得到的是價值。葛拉漢價值投資者常說類似：「我買進金融資產的目標是以七十美分買到一美元」的話。當他們這樣說，並非真的就是指「用七十美分買一美元」，而是他們追求的是內在價值的大幅折扣。簡單說：當葛拉漢價值投資者可以用比實際價值少上幾十分錢的價位買到一美元，就算之後犯下重大錯誤，依然能夠獲利。

葛拉漢對投資人來說還有很多可學。他發展出如何評估企業的想法，肇因於大崩盤（Great Crash）以及大蕭條（Great Depression）差點讓他傾家蕩產，使他對市場可能的表現一直有些提心吊膽。他因此餘生始終心有餘悸，所有的方法都是為了遠離那些。我想，以投資人來說，葛拉漢不如巴菲特，甚至還比不上我。買進那些便宜的雪茄屁股（cigar-butt）股（成長潛力有限的公司，賣價僅有收購或清算價值的一小部分）是圈套和錯覺，而且絕對不及我們賺到的那些錢。你沒辦法用幾十億美元，甚至幾百萬美元做這種操作。但他是非常優秀的作家和非常優秀的導師，也是聰明絕頂的人，是當時投資業界罕見的智者，或許是唯一的智者。

——蒙格，史威格專訪，二〇一四年

蒙格在上文說的，是葛拉漢在他那個年代應用安全邊際概念的做法，和現今的投資人（如蒙格和巴菲特）所用的方法大不相同。回顧歷史，大蕭條之後，葛拉漢將大部分的時間用在尋找「死亡價值比存活高」的公司。[11]股市大崩盤和大蕭條導致許多人索性放棄持有股票。大蕭條過後有很長一段時間，一些公司可用低於清算價值的價格收購。所謂的**雪茄屁股**公司雖然在那段期間相當普遍，但是多年過後，已經愈來愈難在主要市場找到了。葛拉漢晚年曾說過一段至今仍令許多人困惑不解的話：上市公司不再以低於清算價值的價格交易，並不代表無法再成功使用葛拉漢價值投資系統。

有鑑於大蕭條之後的新環境，蒙格和許多葛拉漢價值投資者開始將同樣的葛拉漢價值投資原則，應用在高品質的企業，而不是交易價低於清算價值的企業——安全邊際的應對方法同樣奏效。一些投資人開始發展補強葛拉漢價值投資系統的變數。本書稍後將討論到評估企業時考慮企業的品質。

華特・許羅斯（Walter Schloss）、霍華德・馬克斯、克拉曼，以及其他幾個葛拉漢價值投資者，都更貼近葛拉漢的雪茄屁股式作風，但更偏重交易較少的市場，因為主要公開市場只有少數的雪茄屁股機會。霍華德・馬克斯指出：「積極管理應視為尋找錯誤。」[12]在他看來，在交易較少的市場以及所謂的不良資產（distressed assets）中，最有可能找到錯誤。

第三項原則：把「市場先生」當成你的僕人，而非主人

> 葛拉漢有個「市場先生」（Mr. Market）概念。他不將市場想成有效率的，而是當成每天躁鬱症發作的人。有時候他會說：「我以遠低於你所想的價值賣給你一些股份。」有時候「市場先生」發作時會說：「我以遠高於你所想的價值買下你的股份。」
>
> ——蒙格，南加州大學商學院，一九九四年

蒙格在上述談話中，說明了葛拉漢強大但簡單的市場先生比喻。葛拉漢價值投資者認為，市場先生是短期無法預測的兩極化。因此，市場低迷時，有時會以低價賣給你一項資產。其他時候，因為心情愉快，市場會給你超過資產所值。知道這兩種情緒狀態的差異，對成功使用葛拉漢價值投資系統至關重要。市場先生會出現情緒問題，是因為他由許多人組成，而那些人在短期內根據自己的情緒，以及揣測所有市場組成分子的預測及行動，表決確立一項資產的價格。葛拉漢指出，組成市場的人大致是：「甲企圖判斷乙、丙、丁可能的想法，而乙、丙、丁也企圖做同樣的事。」[13]

對葛拉漢價值投資者來說，市場先生消沉時，正是購買資產的最佳時機。這時候股票可能定價錯誤而產生明顯低價。正如葛拉漢質疑的，為什麼要將類似股價下跌的事（基本上是有利的），變成不利的事？只要企業本身的基本面依然不變，市場對股價的短期看法可以置之不理，長期下來也會有修正。這種做法強化了對企業基本分析的重要性。這個流程基本上有三個步驟：分析企業以決定內在價值，以明顯的低價買進資產，然後等待。

任何市場相關的討論都不免引發對所謂**效率市場假說**（efficient market hypothesis,

EMH）的爭論。支持完整效率市場假說的人相信，投資人不可能打敗市場，因為市場的定價向來完美。不同於效率市場假說的支持者，蒙格認為市場大多時候有效率，但並非一直有效率：

> 我想，市場有效率大致是對的，所以光是當個聰明的投資人很難打敗市場。但我認為市場也不是完全有效率。而完全有效率和多少有效率，這之間的差別就給像我們這樣的人很大機會，創造非比尋常的紀錄。市場足夠有效率，所以很難有偉大的投資紀錄，但絕對不是不可能。那也不是只有少數人才能做到的事。投資管理界的前三％、四％就做得不錯。
>
> ——蒙格，《吉普林格》，二〇〇九年

或許有人會說，蒙格相信的是大致有效率假說。他認為大致有效率跟一直有效率的差別，是葛拉漢價值投資者的大好機會。股票有時候定價過低，有時候過高。任何在網際網路泡沫期間投資過的人（就像我），以及依然相信市場一直有效率的人（所謂效率市場極端看法）都是瘋子。

葛拉漢價值投資系統的一個基本前提，就是價格永遠會有漲跌週期。葛拉漢價值投資者不相信可以靠預測景氣週期，達成短期高於市場的報酬。由於景氣循環推動價格來回漲跌是無法預測的，參照標準必定是內在價值。如此一來，內在價值就像晴雨表的記號，設下一個重要的基準點。投資人的職責不是預測價格走勢，而是耐心觀察，並準備好迅速積極地以內在價值的大幅折扣買進，有時候則是以和內在價值相較顯得誘人的價格賣出。對葛拉漢價值投資者來說，無預警出現有利價格時，迅速積極反應是最基本的。蒙格指出：

> 對葛拉漢來說，跟一個始終能給你這樣一連串選擇的躁鬱症者共事，真是一種福氣。
>
> ——蒙格，南加州大學商學院，一九九四年

市場先生的兩極化本質，是對葛拉漢價值投資者的恩賜。偶爾他會提出不錯的低

價，有時候他會以溢價買下你的資產。蒙格對這一點的說法很簡單：不要把市場先生當成聰明人，而是把他當成你的僕人。投資資產的價格肯定會在內在價值的上下來回擺動。出現擺盪時，別企圖預測，而是在發生擺盪時耐心等候。葛拉漢價值投資者會給股票定價，而不是給市場定時間。耐心是葛拉漢價值投資系統困難的地方。如果指望市場給你充分的獲利，讓你下星期就能買車或買快艇，最終勢必無法達到財務目標。

> 很遺憾的一點是，整體普通股的價格會出現大量可笑的高價。它們有部分的估價類似債券，根據的是對創造未來現金使用價值大致理性的預估。但它們有部分的估價又像林布蘭（Rembrandt）的畫作，主要是因為價格一直上漲而買進。
>
> ——蒙格，《慈善》，二〇〇九年

跟隨群眾的腳步會讓你受市場先生左右，因為市場先生就是群眾。如果你是群眾，那麼就定義來說，你無法打敗群眾。蒙格相信短期的價格走勢並非以理性為基礎、以向來有效率的市場為基礎，或是可以有把握地預測。最理想的忠告很簡單，巴菲特說：

「其他人貪婪時要心懷恐懼，其他人心懷恐懼時可以貪婪。」[14]這一點說來容易做來難，因為需要在最困難的時候具備勇氣。

幾十年下來，我們慣常的做法就是如果喜歡的（股票）下跌，我們就愈買愈多。有時候發生狀況，你明白自己錯了，於是你出場。但如果對自己的判斷建立正確的信心，就要多買並利用股價牟利。

——蒙格，威斯科年會，二〇〇二年

葛拉漢價值投資系統依據的前提是，風險（虧損的可能性）取決於你購買資產的價格。你為一項資產支付的價格愈高，遭遇資本虧損的風險也愈高。如果股價下跌，風險也下降，而不是上升。因此，葛拉漢價值投資者通常發現，特定股票的價格下跌，是多買進該股票的機會。巴菲特這樣說：「我這一輩子都要買漢堡。當漢堡價格下跌，我們巴菲特一家會合唱**哈利路亞**。漢堡上漲，我們會流淚哭泣。」[15]

一般投資人面臨的矛盾是，通常只有最大的投資者（大型退休基金、大學基金，以及非常富裕人士）能夠接觸到蒙格所說的投資管理業前三%、四%。一般投資人的問題，可以用一個改編自格魯喬．馬克斯（Groucho Marx）的老笑話反映：你不會想雇用一個把你誤認為客戶的投資經理人！根據葛拉漢價值投資原則管理基金的人都知道，有經驗的成功投資人遇到市場下跌時比較不會恐慌，而是將市場下跌視為機會。葛拉漢價值投資者馬提．惠特曼（Marty Whitman）甚至說，他的基金不要有不了解葛拉漢價值投資系統的人，因為那樣的人一定會在別人贖回自己擁有的股權時，賣掉股份。

第四項原則：要理性、客觀、冷靜

理性不但可以讓你賺更多錢，還是必須遵守的原則。理性其實是個好主意。你必須避免平常私下常見的荒謬事。你需要發展思想體系，逐步改善你的打擊率。

——蒙格，威斯科年會，二〇〇六年

增加理性並非是你選擇或不選擇的事，盡量保持理性是道德義務。波克夏運作良好，並非是我們聰明過人，我們十分無知。波克夏若有任何偉大成就，都是始於愚蠢和失敗。

——蒙格，威斯科年會，二〇一一年

客觀冷靜永遠不會過時。

——蒙格，波克夏年會，二〇〇三年

正如上面引文所顯示的，蒙格這些年來一再提起，造就成功投資者最重要的特質，就是有能力做理性思考和決策。理性對葛拉漢價值投資系統的重要性，怎麼強調都不為過。理性是心理與情感錯誤的最佳解藥。蒙格在一次訪問中回憶，有次在晚宴中，坐在旁邊的人問他：「你說說，哪一種特質可以解釋你莫大的成就？」蒙格回答：「我很理性。這就是答案。我很理性。」這種理性是他努力培養的，稍後會再解釋。理性並不簡單也不容易。

雖然葛拉漢價值投資者不會企圖預測別人的行為，但他們會花很多時間努力讓自己的行為不妨礙理性、客觀和冷靜。優秀的葛拉漢價值投資者明白，如果你從最簡單的基礎按部就班周密思考，並用上如檢查清單等技巧，加強葛拉漢價值投資系統，就能避免大部分的錯誤，或至少犯的是新的錯誤。本書大部分篇幅都用在葛拉漢價值投資系統的第四項原則。

第三章
普世智慧

基本的普世智慧是什麼？這個嘛，第一法則就是，如果你只是記住個別事實又企圖將它們硬湊在一起，那麼你其實什麼都不知道。如果那些事實無法連貫成理論框架，就沒有用武之地。

——蒙格，南加州大學商學院，一九九四年

你必須了解重要學科的重要概念，並固定使用——全部使用，而非只用一些。

大部分的人接受一種模式的訓練（例如經濟學），並嘗試以一種方式解決所有問題。你知道那句老話：在手拿鐵鎚的人看來，這個世界就像一根釘子。這是處理問題的笨方法。

——蒙格，威斯科年會，二〇〇〇年

在一個小小的學術領域無法找到所有世間的智慧。那是為何詩學教授在俗務方面常常那麼沒有智慧。他們的腦中沒有足夠的模型。

——蒙格，南加州大學商學院，一九九四年

模型是什麼？第一法則就是，你必須有多元模型，因為如果只有一、兩種模型可用，人類心理的本質是你會扭曲現實，讓現實符合你的模型。

——蒙格，南加州大學商學院，一九九四年

蒙格在事業和人生都採用一種方法，他稱之為**普世智慧**。蒙格相信，藉由使用來自許多不同學科的各種不同模型（心理學、歷史學、數學、物理學、哲學、生物學等），就能運用這些綜合起來的合成品，創造出比各部分總和更多的價值。羅伯特．海格斯壯（Robert Hagstrom）就普世智慧寫了一本好書，書名為《投資：最後一門人文學科》（*Investing: The Last Liberal Art*），他在裡面指出：「每一門學科會與其他學科交織結合，並在過程中強化。懂得思考的人會從每一門學科汲取重要的思維模型、關鍵概念，結合產生完整的理解。培養這種寬廣視野的人，就在通往普世智慧的道路上。」[1]

蒙格顯然熱愛學習。他確實樂在學習，因此他能享受普世智慧投資流程。這一點很重要，因為很多人不覺得投資有樂趣，特別是比起賭博，科學證明賭博能透過化學物質（例如多巴胺）產生滿足快感，即使這種活動的淨現值為負。蒙格的成就是建立一個體系（普世智慧），讓他能在有正淨現值的活動中產生相同的化學物質獎勵。當你學習新東西，大腦會給你化學物質獎勵，刺激你去做些成為成功投資人必要的工作。如果你做了這些工作，並採取普世智慧心態，蒙格相信你將創造比其他投資人更多的優勢。

在建立普世智慧方法時，蒙格用了他所謂的「思維模型框架」（lattice of mental models）。思維模型是什麼？赫伯特．賽門（Herbert Simon）說明這個概念：

在這些狀況下，經驗豐富的決策者與新手的差異，主要不在像「判斷」或「直覺」這種無形的東西。好比說，如果有人打開頭蓋骨，看到經驗豐富的決策者大腦內部，就會發現他有各種可供使用的行動庫藏；他有檢查清單可在行動之前仔細思考；等需要做決定的時機出現，他的心中有一套機制可以喚起那些，並帶到他的意識注意範圍。

——賽門，《麥肯錫季刊》（*McKinsey Quarterly*），一九八六年

框架的比喻是蒙格精挑細選的，藉此傳達學習普世智慧需要的多元模型必須相互連結。

你的腦中必須有模型。而且你必須在這個模型框架分配安排你的經驗，包括間接與直接的。

——蒙格，南加州大學商學院，一九九四年

如果看到應用實例，會比較容易理解普世智慧方法。為了說明這個方法，蒙格舉的例子是，一家企業提高產品價格，卻賣出更多產品。這似乎違反經濟學教的供需法則。不過，如果從心理學的訓練思考，也許得到的結論是，該產品是**季芬財**（Geffen good），價格更高時，大家會想要更多。或者可以總結出，低價對買家意味著品質差，所以調高價格會導致銷售增加。另一方面，你可以留意激勵誘因引起的偏見傾向，發現這個例子的真正情況是，賣方賄賂了買方的採購人員。

蒙格描述真正發生這種問題的情形：

> 假設你是一家共同基金的經理人，而你想達成更高業績。一般人通常會得到以下的答案：提高佣金，自然就降低提供給最終買家的實際投資單位數，於是你提高賣給最終客戶的實際投資每單位價格。你利用這多出來的佣金賄賂顧客的採購代理人。你收買經紀商，讓他背叛客戶，將客戶的錢投入高佣金產品。
>
> ——蒙格，南加州大學商學院，二〇〇三年

沒有人能夠無所不知，但你可以努力做到對每一門學科的重大模型都有基本認識，集合起來就能在決策過程中增加價值。簡單說，蒙格相信思慮範圍非常廣泛、又了解許多不同學科諸多模型的人，可以做出更好的決策，因此也是更優秀的投資人。這種看法應該不令人意外，因為他相信世界是由許多不斷互相影響的複雜體系所組成：

> 你有一個複雜的體系，而它吐出一大堆美妙的數字，讓你得以衡量一些因子。但還有其他重要得不得了的因子，（只是）沒有精準的數字可以放進這些因子。你知道它們很重要，但沒有數字。所以囉，幾乎所有人都過度重視那些可計數的東西，因為符合他們在學術界被教導的統計方法，而且不會混到那些也許更重要、但難以衡量的東西。這是我一生致力避免的錯誤，而且我對這樣做毫不後悔。
>
> ——蒙格，南加州大學商學院，二〇〇三年

在蒙格看來，**世故睿智**（worldly wise）總好過花了一大堆時間使用根本錯誤的單一模型。

僅是大略正確的多元模型方法，遇到涉及人或社會體系的事情時，會產生更為理想的結果。在解釋思維模型框架方法（稍後將說明）時，海格斯壯指出，蒙格為那些鼓吹廣泛人文學科教育的人提供支持。蒙格極有說服力地表示，閱讀偉大典籍之類的活動，有助於讓人變成更出色的投資者：

> 現代教育理論是，在進入專門研究之前，需要一般的通識教育。我認為在某種程度上，成為偉大的選股人之前，需要一些通識教育。
>
> ——蒙格，南加州大學商學院，一九九四年

以華頓（Wharton）教授菲利普．泰洛克（Philip Tetlock）的說法，蒙格是「狐狸」（對很多事情略知一二），而不是「刺蝟」（對極少數的事情瞭若指掌）。[2]在一生可能遇到的狐狸當中，蒙格的確特別。他博學多聞，幾乎什麼事都懂一些。比爾．蓋茲（Bill Gates）就證明這一點，他說：「蒙格的確是我遇到過最博學的思想家。」[3]巴菲特也說，蒙格有「全世界最厲害的三十秒思維，他一步就能從A到Z。你的話還沒說完，他

已經看到一切的本質。」[4]

蒙格相信廣泛地從眾多學科思考，可以讓人成為更優秀的思考者，因為萬事萬物其實都相關。

你必須了解生物學家朱利安・赫胥黎（Julian Huxley）所說「生命無非就是一個接一個的關聯」的真正意義。所以你必須有模型，必須看出關聯性，以及關聯性產生的效應。

——蒙格，《窮查理的普通常識》，二〇〇五年

了解像生物學、心理學、化學、物理學、歷史學、哲學，或工程學等學科，可以讓你成為更好的投資人。蒙格認為：

人計算得太多，卻思考得太少。

——蒙格，波克夏年會，二〇〇二年

蒙格的知識廣度自然是他性格的一部分，但也是他刻意培養的。在他看來，對一個重要議題一無所知會招來麻煩。蒙格和巴菲特每天都撥出大量的時間思考。看新聞的人都會時時被提醒不思考的後果。思考是被驚人低估的活動。研究人員在二〇一四年公布一份研究調查，顯示約有四分之一的女性和三分之二的男性寧可選擇觸電，也不願意花時間獨自沉思。[5]蒙格可能會說，無法獨自沉思的人最沒有希望成為成功投資者。

蒙格的演說和文章充滿古今許多領域的偉人思想。蒙格也在日程安排中刻意挪出大量時間閱讀。說他熱愛書本是太過保守的說法。巴菲特曾說蒙格讀過幾百本傳記，這只是其中一例。蒙格在面對普世智慧時，目標非常明確，情願行事曆不要填滿約會和會議。「你幾乎找不到有合作夥伴比我們兩個人一天花更多時間在閱讀。」巴菲特又說：「看吧，我的工作基本上就是不斷取得愈來愈多的事實和資訊，並不時看看那些能不能引導出什麼行動。」[6]

蒙格說明普世智慧的概念，是指出許多專業人士通常只思考自己的學科，相信無論自己是靠哪一門學科謀生，都能解決所有問題。例如，營養學家可能覺得自己似乎能治癒所有毛病，整脊師或許以為自己能治療癌症。根據蒙格的說法，向別人學習是不可或缺的。

> 我堅信的訓練方法，是掌握其他人已經徹底了解的東西。我不相信光坐著，企圖全部靠自己發想。沒人有那麼聰明。
>
> ——蒙格，史丹佛法學院（Stanford Law School），一九九八年

渴望變得睿智的人，關鍵就是要廣泛思慮並向其他人學習。蒙格說過很多次，真正聰明但將所有時間都用在一個狹隘的領域當專家，對己對人可能都有危險。這樣的例子包括個體經濟學家，他們研究經濟，但是自己的投資組合卻是一片災難；還有行銷專家，他們可能認為大部分業務問題都可以透過行銷解決。金融專家對自己的專業通常也抱持類似的想法。太多人以為自己的工作很困難，別人做的都很輕鬆。

蒙格認為，採用多學科做法可以找到處理問題的最佳方法：

你也許會說：「我的天啊，這實在太難了。」但是幸好，並沒有那麼難，因為八十或九十種重要模型，即可承擔讓你成為有普世智慧的人約九〇%的重擔。而這其中只有少數真的承擔非常沉重的重擔。

——蒙格，南加州大學商學院，一九九四年

因為提到「八十或九十種重要模型」，於是有人請蒙格列出重要模型的完整清單。蒙格在他著名的「人類誤判心理學」演說中，指出心理學學科的許多模型，又隨機零散地提到其他模型，但他始終不曾擬出一份涵蓋所有學科的完整清單。

蒙格相信，學會辨識決策過程的某些功能失靈，投資人就能學會少犯錯。他也相信，無論多麼努力和學習，都無法徹底排除錯誤。最多就是期望降低錯誤的頻率，並寄望降低錯誤的規模。蒙格詳細解釋道：

人類不完美又功能有限的大腦，很容易轉移到從事對它容易取得的東西。而大腦無法使用自己不記得的東西，或是因為一種或多種心理傾向強力影響、加以阻礙而無法辨識的東西……人類心智的深層結構需要的是，幾乎各式各樣的全方位能力都學到流暢，無論喜不喜歡。

——蒙格，哈佛大學，一九九五年

我常看到在生活中崛起的並非是最聰明的人，有時候甚至不是最勤勞的人，但他們是學習機器。他們每晚上床時都比起床時更睿智一些，而且這還真的有用，特別是你眼前還有一段漫長的路要走……如果文明只能靠著一種先進的發明方法前進，唯有學會學習的方法才能前進。在我漫長的一生中，對我最有用處的莫過於持續學習。我這一生不斷實踐（因為如果不實踐，就會失去）多重學科方法，而我沒辦法告訴你這對我究竟有哪些幫助。它讓人生更有樂趣，讓我更有建設性，讓我對別人更有幫助，還讓我非常富有。無論是什麼，那種態度確實管用。

——蒙格，南加州大學法學院，二〇〇七年

在考慮一項決策時，蒙格認為提問題是明智的做法。源自心理學、功能不彰的捷思決策法有導致任何錯誤嗎？有什麼方法可以用來發現那些錯誤？蒙格喜歡用代數模型將問題倒推回去，找出解答。尋找可以顯露錯誤並說明錯誤的模型，以便累積普世智慧，這樣確實樂趣無窮。就像有待解答的謎題。

而框架做法（lattice approach）事實上是對投資流程做重複審核。但並非只是檢查兩次，而是反覆查證結果。蒙格認為，查看決策流程並小心使用來自眾多學科的技巧、概念和模型，更可以維持**不犯傻**。就算再小心，你一定會犯下一些愚蠢的錯誤，但這個流程是為了減少犯下那些錯誤的機率。

為了確保使用到最多模型，蒙格喜歡用檢查清單：

> 針對不同的公司，你需要不同的檢查清單和不同的思維模型。我沒有辦法輕鬆地說：「就三個重點。」你必須自己推斷出來，餘生都深深烙印在腦海中。
>
> ——蒙格，波克夏年會，二〇〇二年

蒙格的普世智慧處世方法有部分焦點在從錯誤中學習：

你可以學著比別人少犯錯，以及在犯錯時，如何更快修正錯誤。

——蒙格，哈佛大學，一九九五年

聰明多智的人會犯瘋狂到極點的錯。

——蒙格，南加州大學商學院，一九九四年

我希望你們不會以為我們有可以不犯錯的學習方式或行為方式。

——蒙格，南加州大學商學院，一九九四年

蒙格盡量以最理想的方式了解企業：以第一手的方式參與其中，有時候犯錯、有時候成功。透過犯錯過程以及現實中的成敗經驗（也就是從市場獲取意見回饋），就能學會並建立完善的企業判斷。波克夏的許多投資之所以珍貴，是因為教會巴菲特和蒙格什麼不要做。對巴菲特來說，一九六〇年代買下一家新英格蘭的紡織廠，從某方面看是錯誤。那是一家差勁的企業，不值得投入新的資本，因為產生的資本投資報酬率絕對比不上巴菲特的其他投資機會。波克夏為了康菲公司（ConocoPhillips）付出太多或收購全美航空（US Airways），那些都是錯誤。買下德斯特鞋業（Dexter Shoes）對波克夏也是幾十億美元的失誤。在對德斯特鞋業做盡職調查分析時，巴菲特和蒙格犯的錯誤是沒有確認該公司有**護城河**（moat），而太著重他們認為有吸引力的收購價格。巴菲特有次說起德斯特鞋業：「我評估為可歷久不衰的競爭優勢，幾年不到就消失殆盡。」[7]資本主義本來就意味，其他人會一直設法複製任何有利可圖的業務，而你會一直奮戰堅守原有的東西。德斯特鞋業很快就輸掉戰役。如果你犯錯，資本主義的「競爭性毀滅」力量會迅速將之暴露出來，而且有時候殘酷無情。

我認為沒有必要像我們這麼蠢鈍。

——蒙格，波克夏年會，二〇一一年

我喜歡人家承認自己是徹頭徹尾的大笨蛋。我知道自己坦承犯錯，我就會表現得更好。這是該學的一記妙招。

——蒙格，波克夏年會，二〇一一年

蒙格一再說起，他在生涯早期犯的錯比現在多。他有個早期犯下的錯誤，就是擁有一家製造變壓器的公司。他還說，自己曾經從事只有受虐狂會樂在其中的房地產冒險投資。他對房地產失誤的容忍度似乎高於其他事業領域。相對於只是交易股票，建造東西似乎對蒙格別具吸引力。

蒙格認為避免錯誤的一個好方法，就是根據自己的教育和經驗，擁有一家容易了解的企業。他指出：「遇到複雜的事物，自然會有詐騙和失誤。」[8]這種態度呼應巴菲特的看法，巴菲特喜歡的挑戰是相當於在木桶裡捕魚的事業。

巴菲特曾說，如果你在犯錯之後無法解釋為何失敗，那家企業對你來說就太複雜。換句話說，蒙格和巴菲特喜歡了解自己為什麼犯錯，才能從經驗中學習。如果無法理解那家企業，就無法判斷自己哪裡做錯。如果無法判斷自己哪裡做錯，就無法學習。如果無法學習，就無從知道自己在做什麼，這是風險的真正起因。

如果你企圖改善自己的認知，那麼忘記自己的錯誤就是可怕的過失。現實是不會提醒你的。何不慶幸這兩方面的愚蠢呢？

——蒙格，威斯科年會，二〇〇六年

蒙格承認，即使當了幾十年的生意人和投資人，他依然會犯錯。而蒙格犯過最嚴重的錯誤，是他沒有做的事。

在波克夏的歷史中，最極端的錯誤就是疏忽遺漏。我們雖然看到了，卻沒有採取行動。那些是重大錯誤，讓我們損失了幾十億。而我們還是繼續這樣做。我們做得愈來愈好，但始終未能克服。有兩種類型的錯誤：什麼都沒做——巴菲特說的「只是吸吮拇指」，以及非常小筆地買些應該大量買進的東西。

——蒙格，波克夏年會，二〇〇一年

我們最大的錯誤是我們沒有做的事、沒有買的公司。

——蒙格，《財星》（*Forfune*），一九九八年

蒙格和巴菲特決定不投資沃爾瑪（Wal-Mart）只是疏忽遺漏的其中一例。巴菲特曾說，光是沃爾瑪這個錯誤，就讓他們付出一百億美元。與此類似的是一九七三年，湯姆．墨菲（Tom Murphy）提議以三千五百萬美元將電視台賣給波克夏，而波克夏拒絕了。「那次（沒有買下那些電視台）是重大的疏失遺漏，」巴菲特坦承。

蒙格刻意選擇**智慧**這樣的字眼，因為他相信光是知識，特別是只來自一個領域的知識是不夠的。人要睿智，還必須要有經驗、常識，以及良好的判斷力。如何將這些實際應用在生活之中，才是一個人睿智的原因。

第四章
人類誤判心理學

人類發展出簡單的經驗法則稱為**捷思法**（heuristics），讓人可以有效率地做出決策。捷思法必不可缺，沒有捷思法，就不可能完成正常一天所需的決策。捷思法讓人得以應付超負荷的資訊和計算，並處理風險、不確定性，以及無知。可惜，這些捷思法有時會有導致功能失調的傾向。當然，傾向並非命定。傾向於做某件事，並不代表一定會這樣做，不代表無法學會克服傾向，或是所有人都有相同的傾向。包括蒙格在內的所有人，都必須小心不要落入特定（通常是功能失調）傾向。

特別是不在人類演化過程之內的活動（例如投資），捷思法可能產生一個又一個的愚蠢錯誤。蒙格非常佩服理查·薩克豪澤（Richard Zeckhauser）教授打橋牌及投資的決策過程，他寫道：「人通常會以捷思法從他們能夠理解的狀況，推斷不能理解的狀況。」[1]

> 偏見（源自於）人類大腦在自然狀態下的非數學天性，用概略的捷思法處理機率，通常會造成誤導。
>
> ——蒙格，哈佛大學，一九九五年

為什麼會發生這種狀況？詹姆斯·蒙蒂爾（James Montier）指出：

> 簡單的事實就是，我們並未調整適應好面對當今世界的樣貌。我們在一個迥然不同的環境中演化，而控制我們思考和感覺方式的是祖先的演化環境。我們可以學會將心智推向其他思維方向，但是並不容易，因為我們必須克服由自我欺騙造成的學習限制。此外，如果我們要正確處理數據，必須將數據重組為更進化、更熟悉的形式。
>
> ——蒙蒂爾，《達爾文的心智》（*Darwin's Mind*），二〇〇六年

捷思法保存稀少的心理及生理資源，但同樣的流程有時候有幫助，卻也可能讓人產生有害的系統性錯誤。

> 心理傾向可能利大於弊，否則不會存在，而且以人的條件和有限的大腦容量來說，還算運作良好。因此心理傾向不可能直接自動移除，也不應該移除……心理傾向並非就是命定，而了解心理傾向及其矯正辦法，通常有助於避免可能發生的麻煩。
>
> ——蒙格，哈佛大學，一九九五年

進一步了解蒙格的方法，就是將他的思維與個人故事產生關聯。我的例子是發生在幾年前的事。我有幾個月的時間，接近手肘的二頭肌會輕微疼痛。醫生說可能是因為舉重造成的傷害。二〇一三年一月的一個晚上，我睡得正沉，突然因為雙臂劇烈疼痛而猛然驚醒。我立刻想到：「這是輕微的心臟病發作，必須立刻趕去急診室。」我叫醒太太，要她趕緊穿好衣服去開車。開車前往醫院時，手臂的疼痛漸漸消失。就在這時候，我開始說服自己，手臂疼痛其實並非因為心臟病發作。我確定自己的潛意識在想：「我下個星期工作滿檔，現在不能發病。這次的疼痛很可能沒什麼事，大概只是在健身房受傷了。誰心臟病發作不會胸痛？」這時候我告訴太太：「也許我們應該回家。妳一定要去醫院嗎？」我的太太堅持，於是我們去掛了急診。我原本會跟她爭辯，但我在當時提醒自己，想想蒙格和巴菲特應對風險的方法：

> 獲利的機率乘以可能的獲利總額，再扣除損失的機率乘以可能的損失總額。這就是我們努力在做的。不完美，但就是這麼一回事。
>
> ——巴菲特，波克夏年會，一九八九年

去急診室檢查心臟功能顯然是明智的，因為即使機率很小（但考慮到症狀，其實不然），可能的損失總額太龐大了。仔細考慮這個公式後，我知道必須去醫院。以這個例子來說，理性（和我的太太）克服了心理抗拒、樂觀，以及其他負面的決策傾向。結果發現，我的疼痛是因為輕微的心臟病發作，三天後，我進了手術室，做三處心臟繞道手術。

事實就是，我們都告訴自己虛假的故事而迴避真相。即使花了很多時間研究行為經濟學，也只能稍稍改善技巧。你還是會犯錯。諾貝爾獎得主丹尼爾．康納曼（**Daniel Kahneman**）的職業生涯絕大部分都在研究行為經濟學，他曾說：「除了有些影響，我會大致歸因於年齡，但我的直覺思考還是容易傾向過度自信、極端預言，以及規劃謬誤。」[2]即使無法做到完美，也可以在避免錯誤方面稍微改善，同時比不懂蒙格的心理傾向和行為經濟學其他層面的人，在市場上多一份優勢。

投資因為有市場相關的手續費、成本與支出，還不及零和遊戲。如果你購買一項投資，就定義來說是有別人賣出。不管是買方還是賣方犯錯，除非資產的價格不變，結果就是平局。換句話說，有個關於投資的真理就是：你若找到重大錯誤，必定也是有人犯了錯誤。

> 投資人在大致為零和遊戲的範圍內操作。雖然長期下來，所有企業的價值大多會隨著經濟成長而增加，但一名投資人超越大盤的表現，必定是由另外一人的表現欠佳來抵銷。
>
> ——克拉曼，包普斯特集團（Baupost Group）公開信，二〇〇五年

舉例來說，如果你了解由行為經濟學現象引發的功能失靈，而其他人不了解，你就有潛在優勢。優秀的葛拉漢價值投資者花很多時間，思考可能出現決策功能不良與情感失誤的來源。其他人的失誤為葛拉漢價值投資者創造機會。正如哥倫比亞商學院教授格林沃德說的：「行為金融（behavioral finance）很多地方都印證了葛拉漢的原始判斷。」[3]

花時間仔細了解蒙格對一些重大心理傾向的解釋非常值得。蒙格很清楚，他的捷思法清單根本不完整。建議本書讀者閱讀其他由這份清單延伸擴大的書籍和文章，並理解諸如心理帳戶（mental accounting）、沉沒成本、模稜兩可、遺憾及框架（framing）等捷思法。

一、獎勵和懲罰超級反應傾向

幾乎所有人都以為自己完全明白，激勵和抑制對改變認知與行為的重要性。但往往不然。比方說，我認為自己算是我這個年紀的人當中前五%，幾乎成年以來就了解激勵的力量，但我始終還是低估了那股力量。沒有一年不讓我意外，令我對激勵的巨大力量更加讚嘆。

——蒙格，哈佛大學，一九九五年

厄普頓．辛克萊（Upton Sinclair）說得最好。他說：「當一個人的謀生方式需要他相信X，就很難讓他相信非X。」在人的潛意識層次中，大腦會作弄你，讓你以為有利真實小我的，就是你應該相信的。

——蒙格，哈佛西湖學校（Harvard-Westlake School），二〇一〇年

大自然的鐵則就是種瓜得瓜。如果想讓螞蟻過來，就在地板上放糖。

——蒙格，威斯科年會，二〇〇一年

獎勵和懲罰超級反應傾向，關係到心理學家所說的**增強**（reinforcement）以及經濟學家所說的**激勵**（incentives）。這種傾向引發投資問題的典型例子，可能就是理財顧問

銷售產品給客戶，可賺取大筆佣金，例如特定類型的年金。顧問面臨的財務激勵，可能讓原本親切、虔誠、有社區意識的人，變成動機邪惡的鯊魚。這種激勵的偏差說明，為何較明智的做法是保留以手續費為主的理財顧問，並確認理財顧問沒有祕密收受回扣和銷售佣金。蒙格提出另外一個例子：

> 所有人都想當投資經理人，籌募到最多金額，發狂似地互相交易，然後刮走頂端的手續費。我認識一個人，是個聰明絕頂又非常精明的投資人。我問他：「你告訴你的法人客戶可以為他們賺到多少報酬？」他說：「二〇％。」我不相信，因為他明知這是不可能的。但他說：「蒙格，如果我給他們更低的數字，他們就不會給我一毛錢投資！」投資管理業界實在荒唐。
>
> ——蒙格，史威格專訪，二〇一四年

蒙格的故事讓我想起另外一個故事：

有位神職人員死後到了天國之門排隊。他的前面是個資金管理人。聖彼得問資金管理人：「你是誰？你做過什麼可讓我同意你進天堂？」

「我是喬．史密斯。我管理幾千人的資金，」那人回答。

聖彼得查閱名單後對資金管理人說：「拿著這件絲綢長袍和金拐杖進天堂。」

這時輪到神職人員了。「我是約瑟．法蘭尼根神父，之前在紐約市的聖派屈克教會。」

聖彼得查閱名單後說：「拿著這件棉布長袍和木拐杖進天堂。」

「等等，」法蘭尼根神父說：「那個人是資金管理人，他拿的是絲綢長袍和金拐杖，而我卻只拿到棉布長袍和木拐杖？怎麼會這樣？」

「我們這裡是根據業績做分配，」聖彼得說：「你在講道時，大家在睡覺。他的客戶卻會祈禱。」

要避免蒙格前面討論過的問題，並能讓投資人獲益最多，就是用激勵誘因讓理財規劃專員「自食其果」，這樣他就會跟著客戶同甘共苦。

真正責任制的範例，就是羅馬人建立拱門時採用的制度。建造拱門的人會在移走支架時，站在拱門底下。就像自己打包自己的降落傘。

——蒙格，波克夏年會，一九九三年

不當的激勵誘因如何損害文明的例子，每天看新聞都能找到。納西姆·塔雷伯（Nassim Taleb）提出這個問題的例子和可能的解決辦法：

說起金融監督的問題，與其仰賴幾千頁言不及義的規章條例，我們應該執行「自掏腰包投資」基本原則。「船長跟著船一起沉，每一艘船和每個船長都一樣。」換句話說，沒有人應該占盡便宜卻不分擔劣勢，尤其是在別人可能受到傷害時。

——塔雷伯，二〇一二年

蒙格看到如今這個問題反映在一個事實，因為經理人沒有遠離可能不道德或不合法的活動，導致法律規章將會計師變成警察。讓經理人為自己的行動負起法律責任是不錯的起點。

蒙格相信，建立報酬獎勵結構事關重大。如果存在適當的結構，就能建立一張值得信賴的縝密網絡，減少與這種傾向相關的問題。舉例來說，若事先支付而非等到事成之後才支付，竟然會有很多人無法發現績效有多慘。正因為偏差的激勵有危險，蒙格和巴菲特才選擇自己做報酬決策，而將幾乎所有管理責任都授權委派下去。

二、喜歡或熱愛傾向

> 欽佩也會導致或強化喜歡或熱愛。有了這種「回饋模式」(feedback mode)，結果通常是極端的，有時甚至會引發刻意的自我毀滅，以幫助所愛。
>
> ——蒙格，哈佛大學，一九九五年

蒙格認為，一般人大多會忽略或否認所愛之人的過錯，也多會扭曲事實以成全所愛。他認為我們更容易受喜歡的人影響，而且或許受真心喜歡我們的人影響更大。這種傾向對社會明顯有積極面，但對投資決策卻未必有幫助。你可能喜歡甚至熱愛自己的朋友或親戚，但這並不表示你應該將自己的金錢交託給他們。借錢給親戚充滿危險。單純把錢給有需要的親戚朋友，通常是更理想的做法；若真的要借錢，那麼就別指望人家會還錢。接受你借貸的親戚朋友往往會得到短期的模糊或選擇性記憶。這種傾向的另一個例子出現在愛上一家公司，因為這股愛而對這家公司犯了投資錯誤。就算你敬愛自己的雇主，但把太多積蓄投入單一公司的股票還是有很大的風險。有些公司就是利用這種傾向，讓業務員向他們在宴會中認識的人推銷。特百惠（Tupperware）派對即是實際應用這項原理的典型案例。

控制這種喜歡或熱愛傾向有個頗令人受益的方式，就是找個不怕跟你唱反調的聰明人。蒙格喜歡說，如果有一年你沒有對某些舉足輕重的重大構想改變過想法，那一年就是白費了。

三、討厭或憎恨傾向

避免邪惡，尤其是異性中吸引人的成員。

——蒙格，波克夏年會，二〇〇四年

討厭或憎恨傾向是前一種傾向的相反。蒙格認為，人生苦短，不必跟不喜歡的人打交道。他也拒絕投資某些基於道德因素，產品和服務不為他所喜的公司。例如，蒙格和巴菲特就避免投資賭場。

蒙格認為，就算略過道德層面不提，討厭或憎恨傾向有時也會導致行為失靈。比方說，一名求職者上的大學和你的母校是競爭對手，這不應該影響你的聘用決定。將這樣的因素納入考量就是不理性。換句話說，蒙格認為，因為道德理由而將看法轉嫁到公司或個人還算合理，但一定要小心，不要因為不理性的關聯而將看法轉嫁到公司或個人。家庭成員也不能倖免於討厭或憎恨傾向。蒙格就這一點曾引述巴菲特的話：「富人和窮人的主要差異是，富人可以花更多時間控告親戚。」[4]

順從專業人員（compliance professionals），包括一些政治人物和宗教領袖，都學會利用這種傾向操縱大眾的決策。如果有人企圖操控你的行為，你應該保持理性，並將對一件事的感覺與對其他相關事物的感覺區隔開來。如果有人似乎喜歡或欣賞你，那麼可能是他們的策略，要你順從他們的意思。區分一個人是否真心，所需的技巧可由經驗學習，而造就精準判斷的因素，通常是拙劣判斷累積而來的經驗。有些人似乎永遠學不會，有些人似乎天生就有良好判斷力，這是生命的一大謎題。

四、避免懷疑傾向

遭到掠奪者威脅的獵物若花長時間決定該怎麼做，會產生不良後果。

——蒙格，《窮查理的普通常識》，二〇〇五年

研究人員相信避免懷疑傾向的存在，是因為如果拒絕懷疑，可大幅減少大腦的處理負擔。康納曼認為避免懷疑傾向是系統一（system 1）活動，而麥可・莫布新（Michael

Mauboussin）則形容：「系統一是經驗系統：快速、敏捷、不假思索，而且難以控制。系統二是分析系統：緩慢、有針對性、深思熟慮，但有可塑性。」[5]說到投資，避免懷疑可能讓人陷入嚴重麻煩。例如就是有人會想：「如果避免懷疑要容易得多，為何要調查伯納·馬多夫（Bernard Madoff）之類的資產管理人？畢竟他為許多重要人士管理金錢。他們肯定仔細調查過他的業務運作和背景。」

因避免懷疑傾向而加強的企業家信心，給經濟帶來生產力和真正的成長，整體而言為社會創造正面利益，即使失敗的企業家不勝枚舉。塔雷伯這樣說：「大部分的人會失敗、受人輕蔑、一貧如洗，但我們要感謝你們為了全球經濟成長和帶領其他人脫離貧困，所冒的風險及所做的犧牲。你們是反脆弱的來源。全國都感謝你們。」[6]

五、避免不一致的傾向

人類大腦藉由不樂意改變而保存運算空間。

——蒙格，哈佛大學，一九九五年

人們都不樂意改變，即使獲得的新資訊與原本相信的有矛盾。避免不一致傾向是另一個通常算好用的捷思法，若是每天事事都要以全新的心理展開，需要太多的處理能力。可惜就跟所有捷思法一樣，平常大多有幫助的，有時反而有害。這種傾向若是與前面討論的避免懷疑傾向聯手出現，不良影響可能雪上加霜。如果一個人花了很大的力氣才得到結論或信念，又或者改變會導致不如意，抗拒改變結論或信念的欲望便尤其強烈。這是為何許多專業的進展通常是「一次葬禮」進步一點*的主要原因。許多公司都能找到這種現象的例子，那些公司拒絕承認個人電腦或行動電話對他們的業務有威脅。

一群人當中若有人缺乏避免不一致的傾向，對社會有益。舉例來說，不堅守舊思想的公司創辦人，有時更容易開創革新的新事業。另一個例子則是，一位高階主管也許會堅持自己公開擁護的想法，即便後來事實證明他的想法錯誤。避免這種問題的方法，就是對自己公開說話的內容非常謹慎。此外，要清楚知道，一旦在公開場合說了什麼，你可能對證明所說不成立的證據視而不見。說到這個傾向，令人想起馬克・吐溫的說法：「你這一生所需的就是無知和自信；那麼成功就是必然的了。」[7]有些企業家通常懂得不夠多，所以沒有想到有些事不能做，結果有時反而做出一些完全意想不到的事。就像老話說的，瞎貓偶爾也會碰到死老鼠。

六、好奇傾向

好奇可提供樂趣和智慧，偶爾還有麻煩。

——蒙格，《窮查理的普通常識》，二〇〇五年

我天生好奇。如果你不是這樣，那麼要設法搞清楚你自己的體系。

——蒙格，威斯科年會，二〇一〇年

經驗通常會確認長久抱持的信念，這種信念預備在人生的幾次重大時機隨時展開大規模行動，做些簡單而合理的事，通常可以大幅改善終身的財務成果。抱持好

* 譯注：語出物理學家普朗克（Max Planck）的名言science advances funeral at a time，指某個領域的權威過世後，方有其他人或想法崛起。

奇心且熱愛用上多種變數調查分析的人，若持續尋找並等待，通常會遇上幾次重大機會，並能清楚辨認。之後需要的，就是願意在機會極度有利時，用上過去因為審慎耐心而得到的資源大舉下注。

——蒙格，威斯科年會，一九九六年

人生有許多事涉及取捨。人生中好事的源頭也可能成為壞事的源頭。這種無可避免的取捨也適用於好奇，沒有什麼比失敗及錯誤更能教人學會正確面對好奇。睿智的投資人會根據實際經驗，獲得跟好奇有關的肌肉記憶（muscle memory）。對生活的好奇以及對艱難決策的克制，都是蒙格人生態度的一部分。針對一個主題尋找更多資訊，即使對個人沒有現值，也是人類的本能欲望。一般人可能會猜想，擁有這種資訊有選擇價值，不過好奇心太強可能代價高昂。遇到涉及好奇之類的取捨時，找到適當的平衡是獲取智慧的一大關鍵。

有個好奇心太強而產生麻煩的例子是，一位大亨好奇自己能否在航空業長期獲利。這個計畫有個老笑話：「如何成為百萬富翁？從億萬富翁開始，並買下一家航空公司。」

巴菲特開玩笑說，他有個免付費電話，每次他有衝動想投資航空公司，打那個電話就能讓他打消念頭。好奇也可能促使投資人參與太多活動，或促使企業主提供太多產品與服務，最後卻一事無成。新創企業的創辦人若是好奇心過重，可能到後來一再「轉移」業務（pivot，亦即改變業務模式或業務類別）而泯然於眾。另一方面，好奇心也可能使企業做出重大突破。要在類似好奇這樣的事達到適當的平衡，需要判斷力。

七、康德式公平傾向

受現代文化薰陶的人會表現得十分公平，也期待他人公平對待。

——蒙格，哈佛大學，二〇〇五年

對完全公平的渴望，給體制造成許多嚴重問題。有些制度應該刻意設計得對個人不公平，因為平均下來對所有人會更公平。

——蒙格，加州大學聖塔巴巴拉分校，二〇〇三年容忍對部分人的少許不公平，以換取對所有人更大的公平，這是我推薦給所有人的模式。

——蒙格，加州大學聖塔巴巴拉分校，二〇〇三年

人類通常會不理性地懲罰不公平的人。換句話說，投資人如果遇到他們覺得不公平的情況，可能有不理性的反應。舉例來說，有些人或許寧可在一項投資中損失金錢，也不願看到別人因為不公平而獲益。另一個可能出現這種傾向的情況是，一般人有時會抵制對個人不公平的制度，即使這個制度對群體或社會最好。蒙格指出美國海軍有這樣一條規定，如果你犯了重大錯誤（例如你的船艦擱淺），即使不是你的過失，你的軍旅生涯也到此為止。蒙格認為，這個規定對社會有利，因為給海軍軍官創造誘因，確保不會發生這種狀況，只是對個人可能不公平。不過，這在理論上雖然正確，很多人卻基於公平捷思原則而難以接受。

八、羨慕或妒忌傾向

一個物種的成員經過演化而變得渴望平時匱乏的食物，一看到食物，就會有取得食物的強烈驅動力量。若看到食物為同物種的另一成員擁有（這種情況時常發生），往往會引發某種衝突。這可能是深藏在人類本質的羨慕或妒忌傾向演化起源。

——蒙格，南加州大學，一九九四年

關心別人賺錢（比你）更快，是致命的罪惡之一。羨慕其實是荒唐蠢事，因為那是唯一不可能得到樂趣的罪惡，痛苦煎熬而毫無樂趣。為何會想上那一輛列車？

——蒙格，威斯科年會，二〇〇三年

錯過某些機會從來不會令我們不安。有人比你有錢一點有什麼不對？擔心這種事真是莫名其妙。

——蒙格，威斯科年會，二〇〇五年

有個事實大概一般投資顧問都不同意：如果你富庶寬裕，而別人比你更快變得更有錢，譬如靠著投資高風險股票，那又怎樣？！總會有人比你更快變得更有錢。這不是悲劇。

——蒙格，威斯科年會，二〇〇〇年

羨慕或妒忌就構成了十誡中的兩項？你們這些拉拔手足……或企圖經營法律事務所、投資銀行，甚至是教育機構的人，你們了解羨慕。我聽巴菲特說過五、六次：「驅動世界的並非貪婪，而是羨慕。」

——蒙格，哈佛大學，一九九五年

記住，（摩西）說你連鄰居家的驢子都不該覬覦。

——蒙格，CNBC專訪，二〇一四年

羨慕的危險是蒙格常說的話題，從前述的長串語錄可一窺端倪。蒙格相信羨慕是非常強大的情感，因為人類有史以來的生活環境，嚴重匱乏大多是常態。他認為人類在看到別人擁有自己所沒有的東西，會啟動非常原始的情緒，通常導致思考和行動功能失常。羨慕這種情緒是為了刺激人，去取得可增加演化適應性的特性和所有物。現在世上匱乏的情況少了，羨慕也失去大部分價值。羨慕不再刺激人產生情感適應性，只是讓人不開心。蒙格對羨慕的看法很簡單：羨慕沒有什麼好處。他認為羨慕是完全浪費的情緒，應該盡力避免。

羨慕會產生嚴重問題，因為羨慕別人的財務成就會增加風險。股市不會因為你羨慕鄰居剛買一輛跑車，下星期就給你一輛跑車。各種推銷人員都會指出別人擁有的東西，企圖刺激你順從他們的要求。直接對羨慕說不是最佳做法。

九、回饋傾向

人類對善意與惡意做對等報答的無意識傾向，向來被視為極端行為。

——蒙格，哈佛大學，一九九五年

羅伯特・席爾迪尼（**Robert Cialdini**）教授曾經指出：「如果你過去做了什麼讓人更接近**他們的**目標而讓他們虧欠你，他們會幫忙。這是互惠回饋規則。」[8] 反過來說，如果你做了什麼對人有負面影響，道理也一樣。報答善意或惡意的衝動是非常強烈的，就算只是有人對著你微笑，都很難不報以微笑。而人類在收到禮物時有受惠虧欠之情，通常在償清虧欠之前都會感到不安。用某種方式報答以抵銷虧欠的衝動也會十分強烈，甚至可能讓人比完全理性時放棄更多。換句話說，報答回饋的欲望通常會導致不平等的價值交換。順從專業人員都會將這種互惠回饋的感覺引為己用。舉例來說，奎師那知覺協會（**Hare Krishna**）訓練募款人員在向人募捐時贈送「禮物」，如一朵花。業務員提供潛在買家在分時共享公寓免費住一個週末，也有類似的目的。贈送「免費」午餐的投資推銷人員，希望參加活動的人以非常不對等的方式回饋。閒話一句，享受免費午餐卻不上鉤購買投資的人，或許會被推銷員斥為「吃白食」（**plate licker**）。

十、簡單聯想誤導傾向

想想聯想，單純的聯想，是如何運作的。以可口可樂公司（Coca-Cola Company，我們是最大股東）為例。他們想讓人聯想到所有美好的形象：奧運會上的壯舉，美妙的音樂，所有你想得到的例子。他們不想被人聯想到總統葬禮之類。

——蒙格，哈佛大學，一九九五年

人類被設計成會尋求模式。他們留意模式，以取得心中認定與做決策相關的指引。舉例來說，一個知名演員在電視上推銷一家投資公司的服務，這名演員可能對投資幾乎毫無認識，但大眾通常會有正面回應，只因為該演員可能讓人聯想到正面的東西，例如演技。可惜，大眾太容易被簡單聯想誤導，因此導致投資失誤。這種傾向類似於喜歡傾向，只除了需要用到聯想。喜歡傾向比較像是對喜愛之人的過錯視而不見。利用聯想理論，順從專業人員企圖藉由知名演員背書或使用，讓你做些類似購買金融服務的事。因為那些人知道這個人性弱點，廣告商便投入巨資，讓產品和服務與有利的形象產生聯想。蒙格認為，廣告商希望顧客對形象的反應，多少能類似帕夫洛夫的狗（Pavlov's dog）。舉例來說，時思糖果（See's Candies）希望它們的產品能讓你聯想到往日愉快的回憶。同樣，來自Acme的訂婚戒指，感知價值不同於蒂芬妮（Tiffany）的訂婚戒指並不令人意外。不過，一項投資有名人背書，不應影響你的投資決策。

聯想的影響也可能產生相反作用，例如一個人被不公地連結到並非自身引起的不利事件。這樣的例子有波斯信使症候群（Persian messenger syndrome，又稱為「射殺信使」）。這種症候群本身有重大危險，因為有些人（通常是高階主管或政治人物），身邊圍繞的人可能只會說些他們想聽的話。蒙格就以哥倫比亞廣播公司（CBS）的比爾·佩利（Bill Paley）為例，指出人將自己包裹在虛幻不實之中，會慘遭重大事業挫敗。

十一、簡單的、避免痛苦的心理否認

即使不喜歡現實，也應該承認現實。

——蒙格，波克夏年會，二〇〇〇年

我們家的世交有個超級運動員、超級學生兒子，從北大西洋的航空母艦駕機飛出去後，再也沒有回來，他的母親是個非常理智的人，卻始終不相信他死了。當然，如果打開電視，你會發現那些怎麼分析都是罪證確鑿的罪犯，他們的母親卻都認為自己的兒子無辜。這是簡單的心理否認。當現實痛苦得難以承受時，只好將之扭曲到可以忍受為止。我們多少都會這樣做，這是會導致嚴重問題的常見心理誤判。

——蒙格，哈佛大學，一九九五年

任何要賺取佣金的人，或企圖證明特定行動方案有正當性的高階主管，他們提出的預測往往是謊言，雖然大多並非刻意說謊。這個人必須讓自己相信，而這是最糟糕的。預測應該審慎處理，特別是提供預測的人若誤導你，便可從中得利。

——蒙格，波克夏年會，一九九五年

未能處理心理否認，是讓人破產的常見因素。

——蒙格，哈佛大學，一九九五年

一般人討厭聽到壞消息，或任何與他們現有意見及結論不一致的事。因此，如果有哪件事可能引起痛苦，人類大腦通常會企圖否認事實。諾貝爾獎得主心理學家康納曼認為：「（人們甚至不想花）最少的力氣設法了解自己究竟哪裡做錯，並不令人意外：因為他們不想知道。」[9]舉例來說，聰明的投資人應該知道，馬多夫的基金產生的報酬不可能都是正數，並長期維持令人驚嘆的成績。月復一月收到的財務報表都是沒有太多起伏的正數，馬多夫的投資人在想什麼？馬多夫的投資人對成果非常滿意，所以乾脆扭曲事實。簡而言之，投資人非常喜歡他們在馬多夫的報表上看到的成績，所以他們進入了心理否認的狀態。就連曾針對易受騙上當寫過學術專書的教授，都是馬多夫龐氏騙局的投資人。

常見的心理否認例子，發生在一般人對潛在投資做預測時。說來奇怪，有時候一個說得天花亂墜的故事，支持的事實愈少，對某些投資人似乎愈可信。只有在真正的事實開始浮現，那些人才會開始質疑故事。康納曼指出這一點：「事後回顧，要說些解釋個人生活的故事就容易了。」[10]這也是為何做空所謂的**題材股**（story stock）特別危險。蒙格用來說明心理否認傾向發揮作用的例子，是醉心於數學之美的大學教授。明確無疑的數學（例如三角、幾何）組合起來，比混亂的統計學世界及不確定條件下的決策，要美好得多。對這種美好數學的熱愛，可能導致這些大學教授忽略了一個事實，也就是組成數學的基礎假設是有瑕疵的。

十二、自視過高傾向

我們不喜歡複雜，我們不信任其他系統，而且認為那些屢屢導致虛幻的信心。你愈努力，就愈有信心。但你可能是為虛假不實際的東西在努力。

——蒙格，《尋找智慧》，二〇〇三年

人們通常會高估自己的能力。這是許多投資人的重大問題，也是守在能力圈之內為何重要的主要原因。本書一再強調，真正降低風險最有效的方法，就是知道自己在做什麼。當個名符其實的專家，有部分就是要知道自己能力的極限。可惜，情況通常並非如此。康納曼認為：「信心是一種感覺，大多取決於故事的一致性，以及浮現腦海的容易程度，即使故事的證據稀少且不可靠。偏向一致性的成見有利於過度自信。表現高度信心的人，可能有個不錯的故事，而故事可能是真的，也可能不是真的。」[11]

在一項調查的回答中，有七〇%的學生表示自己的領導能力在平均水準之上，只有二%認為自己與同儕相較，在平均水準之下。[12]評估運動能力時，六〇%認為自己高於中間值，只有六%低於中間值。這種自視過高的傾向，企業也不能免疫，包括波克夏投資組合中的公司：

> （GEICO）認為，因為他們賺了很多錢，所以他們無所不知。結果蒙受重大虧損。他們要做的就是停止所有蠢事，回歸原有十分美好的業務。
>
> ——蒙格，南加州大學商學院，一九九四年

在說明自視過高傾向時，蒙格指出，超過一半的瑞典駕駛認為自己高於平均水準：

投資顧問把瑞典駕駛比得像是憂鬱症患者。幾乎所有投資專家的公開評估，都是自己高於平均水準，也不管證據正好證明相反。

——蒙格，對基金會主管演說，一九九八年

投資人同樣有這種過度自信的現象。二〇一二年，一家大型基金集團發布的調查顯示，他們的主動投資者有九一％認為，來年的報酬可以打敗大盤或者至少與大盤持平。[13]這在數學上當然是不可能的。

十三、過度樂觀傾向

西元前四世紀，狄摩西尼（Demosthenes）指出：「一個人想要什麼，他就會相信什麼。」在對勝算與才幹做自我評估時，這是常態，一如狄摩西尼的預測，因為人總是過度樂觀得離譜。

——蒙格，《慈善》，一九九九年

投資人過度樂觀，以及它的邪惡雙胞胎，過度悲觀組成了市場先生的兩極。對於能將樂觀程度保持在理性水準的人來說，好消息就是兩種狀況有無法預測，但不可避免的來回循環，為葛拉漢價值投資者創造機會。在市場循環轉動時，保持理性樂觀非常困難，只有少數人能成功做到。就算是窮盡一生研究行為經濟學的專家，也可能飽受過度樂觀傾向或過度悲觀傾向之苦。例如，諾貝爾獎得主康納曼就寫道：

> 我們的偏見之一就是會忽視經驗的教訓。一群人編纂一份報告，預估一年可以完成，雖然其他規模差不多的團體編纂類似的報告都花了五年……在我開始寫這本書時，我告訴理查·塞勒〔Richard Thaler，《推出你的影響力》（*Nudge*）的作者〕我有十八個月的時間可以完成。他笑得前仰後合，還說：「你寫過這種事的，對吧？事情不會照你的預期走。」「你花了多久？」我問。「四年，而且非常痛苦。」[14]

如果有人用了一輩子研究反功能決策（dysfunctional decision-making），卻飽受他所研究的同樣問題（例如過度樂觀）之害，那麼這些心理傾向確實強大。

十四、被剝奪超級反應傾向

人們被剝奪超級反應症候群可能導致許多禍事，因為遭受損失且差點錯過，會導致人的認知被扭曲。

——蒙格，史丹佛法學院，一九九八年

你的大腦不是天生就知道如何思考薩克豪澤打橋牌的路數。舉例來說，人對損失及獲益的反應並不對稱。好吧，也許厲害的橋牌玩家如薩克豪澤會，但那是訓練有素的反應。

——蒙格，哈佛大學，一九九五年

我的意思是，人對微幅遞減真的很狂熱……極度的瘋狂來自潛意識中過度重視損失，或差點得到的重要性。

——蒙格，哈佛大學，一九九五年

被剝奪超級反應傾向更常稱為**損失趨避**（loss aversion），可能導致投資人在面臨可能獲利時不理性地規避風險，卻在可能虧損時不理性地追求風險。換句話說，人在追求獲利時通常太過保守，規避虧損時卻太過積極。要記住最重要的一點，這個心理傾向會導致投資人做些太早賣出股票和持有股票太久的事。我們屢屢見到投資人抱著虧損的股票不放，一心期望價格上漲，多少能損益兩平。再舉一個這種心理傾向發揮作用的例子，許多投資人在二〇〇七年金融危機後的股市虧損中受創太重，以至於完全錯過了後來市場回升的漲勢。

> 展望理論對金融最重要的貢獻之一，就是損失趨避，意思是對大多數人來說，損失較相等的獲利顯得更加嚴重。實證顯示我們對損失的感受，約是獲益感受的兩倍到兩倍半。
>
> ——莫布新，〈斷言與嫌惡〉（Aver and Aversion），二〇〇五年

損失趨避如何造成反功能行為，賽馬場是個不錯的例子。隨著時間過去，對勝率不大的馬匹下注會愈來愈多。發生這種狀況是因為，絕大多數的人會輸錢，是因為機率加起來有利於莊家，賽馬場有優勢。由於一般人會規避損失，而隨著時間過去，他們愈會加碼勝率不大的賭注，期望能撈回本，或許在回家之前還能賺一把。

十五、社會認同傾向

商業大亨會捲入社會認同的浪潮。還記得幾年前有一家石油公司買了一家肥料公司，結果其他大型石油公司也競相買肥料公司？那些石油公司買肥料公司沒有什麼大不了的理由，而是他們不知道到底該做什麼，如果艾克森（Exxon）這樣做，那麼對美孚（Mobil）也不錯，反過來說也一樣。我想那些現在都過去了，但那完全是一場災難。

——蒙格，哈佛大學，一九九五年

這讓人想起葛拉漢觀察到的矛盾現象，好的想法比糟糕的想法引發更多投資禍事。他說得對。我們很容易將真正好的想法推到樂極生悲，就像佛羅里達（Florida）的地產泡沫，或「閃亮五十」（nifty fifty）*。再混合一些（來自其他專家的）「社會認同」，於是大腦（包括我們自己的）通常就會變成一團漿糊。

——蒙格，哈佛大學，一九九五年

人類有種追隨其他人類的天性傾向。換句話說，因為人類沒有無限的時間和完整的資訊，所以傾向於複製其他人的行為。席爾迪尼這樣解釋：「我們用來判斷何者正確的手段之一，就是找出別人覺得什麼正確。我們看見別人表現出一種行為……多少會認為這種行為更為正確。」[15]

社會認同傾向是金融泡沫的主要成因之一。社會認同傾向經常被詐騙分子拿來利用。舉例來說，馬多夫就是精通以社會認同傾向讓投資人把錢給他的高手。他努力讓人知道，他為那些在眾人中以「聰明理財」（smart money）著稱的名人理財。人類有個奇怪的現象，一般人通常會仿效知名投資人的交易，即使那位名人根本不是以投資技巧出名。學會忽視群眾而獨立思考，就是一種訓練有素的反應。

蒙格大力鼓吹在投資方面要獨立思考。獨立思考時，最明智的做法是記住克拉曼的見解，即葛拉漢價值投資者是逆勢操作者與計算者的緊密結合。因為社會認同而隨波逐流，代表從數學觀點來看，根本不可能超越大盤。獨立思考可能是針對一般人從眾的傾向進行套利的機會。如果在群眾急速轉彎時，看到有個賭注對你大為有利，有時候反其道而行就能夠獲利。逆勢操作是不夠的，超越大盤的正向成果規模還必須充分正確。

十六、對照誤導傾向

由於人的神經系統無法自然地以絕對科學的單位衡量，必須仰賴更簡單的方法。雙眼有個可限制其運算需求的解決方法：記錄視覺所見的對比。而其他感官的

* 譯注：一九六〇至一九七〇年代法人最喜愛的五十檔大型股，認為是穩健成長的績優股，但之後隨著市場長期低迷而下跌，大多表現甚至不如大盤。

運作也大致與視覺相同。此外，感知能力如何運作，認知能力也一樣。結果就是人類的對照誤導傾向。很少有比這種心理傾向對正確思維造成的傷害更多。傷害程度小的例子包括，買了一個定價過高的一千美元汽車皮革儀表板，只因為相較於同時購買的六萬五千美元汽車，價格實在低廉。傷害程度大的通常會毀掉人生，就像雙親不慈的好女人，嫁的男人只是相較於她的雙親還算令人滿意。或者男人再娶，也只是跟前一個妻子相比還算過得去。

——蒙格，哈佛大學，一九九五年

蒙格指出，不動產經紀商會先帶客戶看價格過高、卻不吸引人的房屋，以增加客戶買下之後看到、價格過高房屋的機率，就是這種心理傾向的例子。換句話說，如果不動產經紀商一開始先帶你看條件差的房子，很可能是企圖設定讓你買接下來的東西。購買一項投資不應只是因為它比先前看到、或擁有的差勁貨好。同樣，購買資產時，應該從所有能接觸到的投資項目中選擇最好的一項。舉例來說，乙股票比甲股票好，這樣的資訊不足以做出投資決策。乙是所有你可能從事的投資當中最好的嗎？透過機會成本的鏡頭看世界，是個簡單卻常被忽略的方法。

十七、壓力影響傾向

這一點我最喜歡的例子是偉大的帕夫洛夫。他把所有的狗都放在籠子裡，全都訓練出制約行為。當列寧格勒發生大洪水，潮水湧入而狗被關在籠子裡，你能想像狗承受的壓力有多大。水退的時候，有幾隻狗正好被救起，帕夫洛夫注意到，牠們出現與制約性格完全相反的性格。

——蒙格，哈佛大學，一九九五年

某種程度的壓力確實能提升個人表現。不過，壓力太大時，人常會做出非常拙劣的決定。舉例來說，一個順從技巧非常成熟的業務員，可能讓潛在銷售對象置身於壓力之下，而讓對方做出重大的投資錯誤。這種銷售方法比較惡名昭彰的例子，就是銷售分時共享的渡假公寓。通常一個親切友善的業務員搭檔一個專門施加壓力的人（又稱為「黑臉／白臉」策略）。我寧可讓一塊空心磚砸在腳上，也不接受在分時共享公寓免費住一個週末。千萬別在壓力下做決定，就是這麼簡單。

十八、易取得性誤導傾向

對付這種傾向，只要記住一個簡單的演算法：一個想法或事實，並不會只因為容易取得就更有價值。

——蒙格，哈佛大學，一九九五年

投資人有種傾向，會根據容易回想起來的事情做決定。事件、事實或現象愈是鮮明難忘，愈可能被投資人用在決策當中，即使回想起來的，並非是用於決策中最理想的資料。舉例來說，如果股票最近在股市大崩盤中急劇下跌，投資人通常會害怕而不敢買，即使這可能是最佳的買進時機。二〇〇二年就是絕佳的買股時機，但是網際網路泡沫破滅之後的股市崩盤記憶猶新，只有像蒙格這樣訓練自己克服該心理傾向的人，才有辦法利用機會收割重大的投資獎勵。

同樣，如果有人最近將一家新創公司掛牌上市變現出場而大賺一筆，其他獲悉這樁成功案件的人，通常會高估自己成立新創公司成功的機會。如果市場價格大幅走高，一般人同樣更可能買進股票。這種錯估容易回想事物的心理傾向，是為何即使中獎機率渺茫，還是有人在看了其他普通人中獎的新聞後，忍不住購買彩券的主要原因。彩券推廣這股熱愛的方式，就是將得獎人抱著超大支票的照片發送給媒體。

十九、不用就忘傾向

所有技能都會因為不用而減弱。我在二十歲之前是微積分高手，在那之後就因為完全不用而忘得一乾二淨。

——蒙格，哈佛大學，一九九五年

這種傾向很容易理解：技能會退化，除非固定使用。舉例來說，開飛機並非可偶一為之的事。如果你不像機師一樣經常飛行，就不應該像機師一樣開飛機。同樣，投資並非你偶爾想做的事。在投資的背景下，太多人花在挑選裝備的時間，多過挑選投資或投資基金的時間，這是現實也是一種遺憾。要當個成功的投資人，必須定期付出必要的時間與心力。就算你曾經覺得自己對投資所知甚多，也不代表你的技能就是最新的。維持能力圈需要持續努力和勤奮。二〇一四年的一項研究調查得出結論：

> 我們發現改善金融素養的方案，只能說明研究中金融行為變化的〇．一%，低收入樣本的效應更微弱。和其他教育一樣，金融教育隨著時間而衰退，即使上課時數多的大型方案，在計畫進行過二十個月甚至更久之後，對行為的影響已經微不足道。
>
> ——丹尼爾．費南德茲（Daniel Fernandes）、約翰．林區（John Lynch），以及理察．納特梅耶（Richard Netemeyer），二〇一四年

二十、毒品誤導傾向

我們都聽說過才華洋溢的人，因酗酒或濫用毒品而毀掉自己的人生，而且通常兩者皆沾染。

——蒙格，哈佛西湖學校，一九八六年

三種東西會毀掉人：毒品、酒精和槓桿操作。

——蒙格，威斯科年會，二〇〇九年

我年輕時有四個要好的朋友，屬於非常聰明、品行端正、風趣幽默的類型，個人和背景都條件優越。其中兩個很早就過世了（酒精是重要因素），第三個是活生生的酒鬼（如果你能說那樣叫活著的話）。雖然受影響的程度不同，但任何人都可能發生上癮的狀況，那種墮落的牽絆在細膩微妙的過程中，輕微到幾乎察覺不到，直到強烈到再也無法切斷為止。在我六十多年的人生中，還沒有遇到有哪個人因為過度恐懼、過度迴避這種通往毀滅的虛妄之路，結果人生變得更糟。

——蒙格，哈佛西湖學校，一九八六年

每個人都會犯錯，但蒙格一再說過，避免真正的重大錯誤，例如古柯鹼和海洛因，才是最重要的。蒙格曾用個比喻指出，如果你從一條河順流而下，河裡有每天溺死很多人的危險漩渦，你絕對不會靠近漩渦。蒙格還指出，酗酒是人生失敗的重要因素。他對濫用藥物的說法很簡單：為什麼要跟可能永遠摧毀一生的東西賭大小？他在各種場合不變的建議就是，避免弊大於利的狀況（負面可選性）。這與他的投資建議相反：尋找利大於弊的賭注（正面可選性）。其他心理傾向，例如心理否認，有礙取得必要的協助，讓有吸毒或酗酒問題的人情況更加嚴重。吸毒或酗酒問題很快就會成為自我增強的負向迴路，這是不可避免的。

二十一、衰老誤導傾向

有些人直到晚年都能持續舊有技能的密集練習，並維持得相當不錯，這從許多橋牌比賽可以看到……帶著欣喜的心情持續思考和學習，多少有助於延緩不可避免的狀況。

——蒙格，哈佛大學，一九九五年

蒙格自己的人生就是這種看法的佐證，如果你有適當的遺傳基因，並有意識地努力維持生理與心理活躍，年老時也能保持敏銳。在與老化相關的結果中，運氣確實發揮重要的作用，但沒有藉口不盡力發揮你擁有的運氣。維持活躍是生理與心理健康的基本要素。例如，對於像蒙格這樣的人來說，沒有什麼比學習更有樂趣，也沒有什麼比閱讀更有助於學習。而說到健康，千萬不要被動。以蒙格為例，他在被診斷出可能完全失明時，沒有被動地接受健康惡化，而是開始研究盲人點字。因為勞動而耗損，遠遠好過因為不作為而鏽蝕。

二十二、權威誤導傾向

你有正駕駛和副駕駛，正駕駛是個權威人物。他們不是在飛機中操作，而是在模擬訓練裝置中操作。他們讓正駕駛操作，而副駕駛也用模擬訓練裝置訓練很久（他知道不能讓飛機墜毀），但他們讓正駕駛做些連白痴副駕駛都知道會讓飛機墜毀的事，可是正駕駛操作時，副駕駛卻袖手旁觀，只因為正駕駛是權威人物。有二五％的機會，飛機會墜毀。我的意思是，這是非常強大的心理傾向。

——蒙格，哈佛大學，一九九五年

一般人通常會追隨他們視為權威的人物，特別是在面臨危險、不確定，或無知的時候。席爾迪尼教授這樣形容權威傾向：「人在不確定的時候……他們不會向自己內在尋找答案，他們看到的都是含糊不清，以及缺乏信心。於是他們向外尋找可降低不確定性的資訊來源。他們第一個找的就是權威。」[16]順從專業人員在發揮影響力左右他人之前，就學會要傳達他們的權威。舉例來說，他們可能會談起自己的專業學位、得獎紀錄，以及豐功偉業。他們甚至可能談起自己多富有，或是提起其他權威來為他們的專業能力背書。席爾迪尼教授提到，頭銜、昂貴的穿著，以及專業人士的外表裝飾，全都是為了有效傳達權威。莫布新指出：「讓人看起來比較有權威的人，確實也比較可信。一般人會更加安心聽從穿著條紋西裝、使用PowerPoint投影片的人。」[17]在知名的米爾格倫（Milgram）實驗中，實驗對象遵照指示對別人施以電擊，因為發號施令的人穿著實驗室工作服，看起來像個權威人物。[18]不幸的是，穿華服、開名車的股票推銷員之類的人，在一些投資人眼中就像是權威。聲稱投資符合道德的教會要員，或許能讓人克服相當明顯的道德疑慮，只因為他們似乎是道德權威人物。

二十三、廢話傾向

很明顯一家公司若產生高資本報酬率，並以高報酬率再投資，就會運作良好。但這樣無法賣書，所以就引入很多無濟於事的廢話和模糊概念。

——蒙格，威斯科年會，二〇〇〇年

我認為，可交易普通股的流動性是促成資本主義的一大因素，這根本是胡說八道。流動性給我們的是那些瘋狂的暴漲，所以它跟美德一樣有許多問題。

——蒙格，波克夏年會，二〇〇四年

廢話（twaddle）的定義很簡單：所說或所寫的東西愚蠢或不真實；胡說八道。**瞎扯**（prattle）的定義同樣簡單：說些愚蠢的話。蒙格的意思是說，人通常會花很多時間在一些沒有意義的活動。為了說明這一點，他提出的例子是蜜蜂明知花就在蜂巢上方，卻無法利用飛舞擺動的訊號傳達出去。儘管傳達不了資訊，蜜蜂還是會用傳達不了意思的方式舞動。

我盡量甩開那些老是信心滿滿，回答自己其實不甚了了的問題的人。對我來說，他們就像胡亂飛舞的蜜蜂，只會搞砸蜂巢。

——蒙格，威斯科會議紀錄，一九九八年

就像花朵就在正上方的蜜蜂，許多專家面對自己一無所知的狀況，還是胡言亂語一通。在蒙格看來，一般人往往搞混了胡言亂語和重要性與價值。更糟糕的是，許多人付錢給專家顧問，卻買來廢話和瞎扯。當然，最難發現的就是你對自己說的廢話，因為最容易愚弄的人一定是自己。

二十四、師出有名傾向

師出有名傾向非常強烈，以至於就算給出的理由沒有意義或是不正確，還是會提高順從命令和要求的程度。這在心理學實驗中已經證明，「順從從業者」（compliance practitioners）成功搶到影印機排隊人龍的前面，就因為他們解釋的理由：「我必須影印幾份東西。」這種師出有名傾向的不當副作用是種條件反射，根據的是對理由重要性的普遍重視。自然，列出各種無聊的理由就被商業及邪教團體的「順從從業者」廣為利用，幫助他們取得不應得的東西。

——蒙格，哈佛大學，一九九五年

順從專業人員知道，如果給人一個行動的理由，即使這個理由荒誕不經，也更可能成功說服別人做出違反個人利益的行動。比方說，所謂的電話詐騙人員在推銷假投資時，負責打電話的業務員用的腳本就設計許多理由，讓人遵照要求買進，例如他們推銷的低價股。業務員知道，如果他們提出捏造的理由，讓買家以為若是猶豫太久，可能失去買進的機會，他們就能提高成交率。詐騙高手可能會說：「你應該買這個低價金礦股，因為現在正值印度的結婚季。」或是「南非的天氣一直不好，這對美國的金礦是大好消息。」但還有一個例子則是股價圖表中無意義的模型，卻被賦予名稱，例如「死亡交叉」。就連乞丐也知道要在紙板標語放上要錢的理由。只是給你一個理由做蠢事，你也不會因此變聰明。有個故事或許能幫助讀者了解這一點：

有一天，一位華爾街分析師和他的股市投機者客戶一起去看賽馬。投機客提議在一匹馬下注五千美元。分析師解釋說，他想研究每一匹馬，而且只會在仔細分析後才下注。「你太理論了，」投機客離開去下注。

正巧，那匹馬跑了第一。投機客得意地大叫：「就跟你說了。我有祕方！」

「你的祕方是什麼？」分析師問。

「簡單。我有兩個孩子，兩歲和六歲。我把他們的年紀加起來，然後押九號。」

「可是二加六是八，」分析師反駁。

「我就說，你太理論了！」投機客回答。

二十五、魯拉帕路薩傾向

對一家公司的普通股做投資決定，通常牽涉到許多因素交互作用……引起最大麻煩的，就是你將這一大串因素結合在一起，會得到這種魯拉帕路薩效應。

——蒙格，哈佛大學，一九九五年

魯拉帕路薩（lollapalooza）傾向是各種心理傾向交會，產生對特定結果有利的作用。蒙格認為，本書前述所有傾向、力量，以及現象，都可能以自我增強的方式相互作用，使得相互作用後的整體結果，比各部分的總和更強大。蒙格稱這種過程為魯拉帕路薩。因為魯拉帕路薩關係到回饋，它的影響可能在本質上是非線性的，也無法預測。蒙格指出，魯拉帕路薩的影響，遠大於只是相互作用的各種成分簡單加總。蒙格描述魯拉帕路薩類似於「核爆」。為何不可能有把握地預測魯拉帕路薩，理由之一就是需要一定的臨界質量。換句話說，產生魯拉帕路薩的過程不是像核子反應一樣達到臨界質量，就是永遠不會顯現出來。

蒙格指出一些魯拉帕路薩的例子。在他看來，二〇〇七年的金融危機是「魯拉帕路薩事件諸多因素的匯集，這也是複雜系統運作的方式」。[19]以蒙格的觀點來看，長期資本管理公司（Long-Term Capital Management）虧損倒閉也是魯拉帕路薩事件。他認為網際網路泡沫的興衰也是魯拉帕路薩。另一個魯拉帕路薩的例子就是特百惠聚會，該公司利用社會認同、喜歡，以及其他心理傾向，讓人購買產品。蒙格就可口可樂的品牌力量寫過一篇文章，描述可口可樂的巨大價值是魯拉帕路薩現象的結果。公開叫價拍賣又是一個魯拉帕路薩的例子：

> 公開叫價拍賣就是要把大腦變成一團漿糊：你得到社會認同，別人在競價，你得到回饋，你有被剝奪超級反應症候群，事情結束了……我的意思是說，這根本

就是為了擺布人做出的白痴行為。

——蒙格，哈佛大學，一九九五年

拍賣官在慈善拍賣中，為了達成慈善目的所施展的技巧，也可能被罪犯用來說服別人投資騙局。巴菲特對那些公開叫價拍賣的建議很簡單：「不要去。」魯拉帕路薩本身無所謂好壞，有時候魯拉帕路薩效應也能用在慈善目的。

戒酒無名會（Alcoholics Anonymous）的制度：其他一切都失敗了，還有五〇%不飲酒的比例？那是非常聰明的制度，同時利用四、五種心理系統，以便取得我覺得非常好的結局。

——蒙格，哈佛大學，一九九五年

不過，蒙格也認為，戒酒無名會用來幫助酗酒者的那些力量，也被邪教團體用來作惡。舉例來說，查爾斯・曼森（Charles Manson）和其他邪教團體領袖，都學會透過魯拉帕路薩做法操控人。顯然馬多夫用上了多種自我增強傾向，例如社會認同與羨慕，煽動他的龐氏騙局受害者。蒙格認為，文鮮明的統一教結合各種心理傾向而達成「改宗皈依」。就正面價值來說，蒙格也引用巴菲特的投資紀錄為正面魯拉帕路薩的例子。

> 同一方向的各種因素匯流，造就巴菲特的成功。其他原因不太可能造成魯拉帕路薩效應。
>
> ——蒙格，威斯科年會，二〇〇七年

希望閱讀本書能幫助你產生自己正面的魯拉帕路薩。

第五章
成功投資人必備的正確素質

羅傑．羅文斯坦（Roger Lowenstein）在他的巴菲特傳記中指出，巴菲特的天才「主要是性格上的天才——有耐心、紀律和理性……他的才華源自於無與倫比的心智獨立，以及專注工作而將世界隔絕於外的能耐。」同樣的話也能套用在蒙格身上。這兩位投資者都是傑出人才。世上只有一個蒙格和一個巴菲特。雖說如此，不見得要有跟這兩位長期夥伴完全相同的特質，也能稍稍改善投資技能。你可以在閱讀、思考、學習、避免錯誤，以及留意造就成功的個人特質等方面，改善自己的能力。

本章找出幾個構成成功投資者的「正確素質」特性，是蒙格這些年來發現的。雖然他似乎肯定其他特性也很重要，但本章提及的幾項，是蒙格討論最廣泛也最頻繁的。他承認自己和所有人一樣，也在跟這些特性奮鬥。沒有人是完美無缺的，包括蒙格。因此，我的目的不是要營造「做就對了」的言外之意，因為要在日常生活中做到這些真的很難。

一、要有耐心

成功意味著要非常有耐心，但時機到時要積極進取。

——蒙格，波克夏年會，二〇〇四年

如果（找到重大的投資）時時都能發生，那就太好了。可惜不是。

——蒙格，波克夏年會，二〇〇五年

我們不覺得有想轉變的強迫衝動。我們非常樂意等待好事出現。在某些時期，我們很難為資金找到地方投資。

——蒙格，波克夏年會，二〇〇一年

耐心結合機會是非常美好的事。我的祖父告訴我，機會不常有，但機會來時，一定要做好準備。波克夏就是這樣。

——蒙格，威斯科年會，二〇一一年

狀況明顯時，我們兩人大有可能採取行動。

——蒙格，CNBC專訪，二〇一四年

當市場先生擔憂恐懼時，在私有市場遇到以顯著折扣購買資產的機率可能高出許多。不過，蒙格認為，要準確預測什麼時候會發生是不可能的。他的做法是專注眼前發生的狀況，等待低價浮現。因此，葛拉漢價值投資者必須要有耐心。這一點可能非常困難，因為我們有種傾向，認為活躍的程度跟價值多少有些相關。「別只坐著不動，做點什麼」對葛拉漢價值投資者根本是錯誤的建議。

巴菲特曾說，股市是為了將資金「從積極活躍的人轉移給有耐心的人」。[1] 如果你有耐心、理性，而且遵照葛拉漢價值投資系統，市場先生必定會送你財務大禮。你無法預測什麼時候會發生，但肯定可以耐心等待禮物交到你的手上。就這方面來說，葛拉漢價值投資系統是探索式做法，而非預測式做法。

蒙格說過一個故事，有個年輕人曾經問他如何致富。他這樣描述他們的對話：

> 我們很常聽到積極進取的年輕人問這些問題。那是非常聰明的問題：你看著某個有錢的老頭問：「我要如何變得跟你一樣，只是要更快一些？」
>
> ——蒙格，威斯科年會，二〇〇三年

蒙格建議的方法就是天天跟耐心「比個高下」，準備偶一為之的快速衝刺。平時保持耐心，少數幾次機會就能發大財，這種想法是蒙格在美國軍中玩撲克牌時漸漸形成的。蒙格將理財成功絕大部分歸因於他投資在玩撲克牌和橋牌的時間。

正確的思考方式就是像薩克豪澤玩橋牌一樣。就是那麼簡單。

——蒙格，哈佛法學院，一九九五年

從根本來說，投資不過是押注的一種形式。不過，最重要的是投入的賭注應該是投資（淨現值為正）而不是賭博（淨現值為負）。正如我先前說過的，投資是一種機率行為，其他機率遊戲的經驗可能有幫助。橋牌大師兼哈佛教授薩克豪澤指出：

橋牌需要在近乎不可知的狀態下不斷評估可能性，而打牌的人必須在一局之中做出幾百次決定，通常是權衡預期的得失。但打牌的人也必須不斷接受好的決定卻導致壞的結果，包括自己的決定和搭檔的決定。如果想在未知的世界聰明投資，就需要這種坦然接受的能力。

——薩克豪澤，二〇〇六年

巴菲特認為橋牌跟投資有許多相同特性。亦即每一把都不同，但從前發生過的卻都有清楚意義。投資時，你必須推論每一次下注或每一張牌，以及尚未打出的牌。此外，就跟橋牌一樣，有個厲害的搭檔和強大的人際關係技巧也能獲益。了解機率和統計學對玩牌和投資都是最基本的。蒙格說得很直接：

> 如果沒有將基礎機率放進技能裡，漫長的一生就會像獨腳漢參加踢屁股比賽。
>
> ——蒙格，南加州大學商學院，一九九五年

二、遵守紀律

> 我們有等待「正中紅心好球」（fat pitch）的投資紀律。如果我有機會進入企業，但在裡面要被人用基準衡量，並被迫完全投入，還要時時戰戰兢兢等等，我會很痛恨。我認為這等於給我上了鐐銬。
>
> ——蒙格，波克夏年會，二〇〇三年

我們都堅持每天都要有很多時間可以只坐著思考，這在美國企業非常罕見。我們閱讀並思考，所以我和巴菲特比大多數企業中的人讀得多、想得多，卻做得少。

——蒙格，《吉普林格》，二〇〇五年

你要有耐心、紀律，還有承擔損失與不幸卻不會發瘋的能力。

——蒙格，《吉普林格》，二〇〇五年

我們非常有彈性也有一定的紀律，不想只為了保持活躍而做出蠢事，而這種紀律可以避免只因為無法忍受不作為而做出任何蠢事。

——蒙格，威斯科年會，二〇〇〇年

我認為大多數人有可能過著沒有太多災難風險的生活，幾乎篤定能獲得合理程度的成就。這需要大量判斷、大量紀律，還不能過度活躍。透過這種方法，我想大部分聰明人都可以排除生活中的許多風險。

——蒙格，威斯科年會，二〇〇二年

當個葛拉漢價值投資者需要紀律。隨波逐流在情感上比逆勢操作容易得多。此外，許多投資人發現什麼都不做非常困難。一般人大多會以為，投資活躍會有額外的好處，但絕對不會有的。對抗這種傾向可能帶來重大的回報，因為基於相關稅項、手續費與支出，過度活躍有不利結果。

海格斯壯在《勝券在握》（*The Warren Buffett Way*）中寫道：「巴菲特和多數投資人的差異，在於紀律的關係多於其他特質。」[2]同樣的說法也適用於蒙格，而且這無疑是種訓練有素的反應，如果不多加使用就會萎縮退化。霍華德·馬克斯同意紀律的重要性：

> 唯有強烈的價值感能給你必要的紀律，從眾人都以為會不停上漲的高價資產中獲利，或者有膽識在即使價格每天下跌的危機中，持有並以低於平均價格買進。當然，為了能夠獲利，你對價值的評估必須精準。
>
> ——霍華德·馬克斯，《有關投資與人生最重要的事》（*The Most Important Thing*），二〇一一年

從其他地方尋找真正紀律的跡象，對做出明智決定也有幫助。舉例來說，如果你造訪一家宣稱是葛拉漢價值投資者的資金管理公司，卻看不出究竟是開市還是收市，那就是好的跡象。投機客會將活躍程度與生產力或成功視為相關，但葛拉漢價值投資者則是將有紀律的不作為與成功視為相關。

三、沉著，但勇敢且果斷

我想，培養擁有股票卻不煩惱的性情頗值得稱道。

——蒙格，波克夏年會，二〇〇三年

我們比其他人更早煩惱。我們透過提早煩惱而留下很多錢可以周轉。這是我們的做法，而你必須接受。

——蒙格，威斯科年會，二〇〇一年

如果你不願意沉著應對一百年有兩、三次市場價格重挫五〇%，就不適合當個普通股股東，活該成績比起有那種性情的人顯得平庸普通，那些人對於這種市場波動更為冷靜豁達。

——蒙格，英國廣播公司專訪，二〇一〇年

想要致富，必須有一些不錯的想法，並確實了解自己在做什麼。接著必須有勇氣堅持想法，接受波動起伏。不是很複雜，而且非常老派。

——蒙格，《每日新聞》大會，二〇一三年

你會有幾次機會因為發現定價過低而獲利。確實有人不會將所有的價格都定在市場可輕易支撐的高行情。一旦看清楚了，就好像在大街上找錢（如果你有勇氣堅守自己的信念）。

——蒙格，南加州大學商學院，一九九四年

波克夏在找到機會時動作之迅速令人嘆為觀止。不能客氣——這對生活中的一切都適用。

——蒙格，威斯科年會，二〇一一年

葛拉漢價值投資系統要成功，勇氣是不可或缺的一環。如果你企圖表現超越大盤，數學研究顯示，你必須偏離群眾的看法。對多數人來說，逆勢操作需要勇氣。如果不想當個勇敢的人，或不相信自己有能力在壓力下無所畏懼，就應該購買低手續費指數型基金和指數股票型基金的投資組合。想要因勇氣而獲利，通常手上必須有些現金。有了現金在手，危機來襲時也需要勇氣，因為市場走高時很難抱著現金。人類避免錯失機會的衝動很強烈，可能驅使投資人進入股市泡沫的致命魔掌。

如果你是葛拉漢價值投資者，對你最好的時機，就是對其他投資者及投機者最壞的時機。約翰．坦伯頓（John Templeton）這樣說：「在別人失望賣出的時候買進，在其他人興奮買進時賣出，這需要最大的勇氣，但能提供最大的獲利。」[3]

對所有投資人來說，市場報酬率必然起伏不定，特別是股市。股價下跌勢所難免，也是在這個時候大家多會恐慌而想拋售。蒙格一生經歷好幾次這種狀況，所以他在這個時候不會猜測。

蒙格建議投資人要有耐心，一旦發現適當時機就要積極果斷。他認為投資人在這方面較許多專業人士多了一份優勢。雖然專業人士對於特定投資或許有更完整、更即時的資訊，但他們在最好什麼都別做的情況下，要承受**做點什麼**的巨大壓力。這種特性作用的例子，可以二〇〇九年第一季期間為例，當時幾乎所有人仍為金融危機餘悸猶存，蒙格卻拿出《每日新聞》帳號中的可用多餘現金，全部投入銀行股。他的入場時機絕佳。他耐心等候適當時機出現，一看到自己想要的，就果斷積極地下手。

> 我們只是把錢投進去。不必用到任何新奇的概念。那是四十年一次的良機。必須在能力或知識與進取魄力之間取得適當平衡。能力太多卻毫無魄力並不好。如果不了解自己的能力圈，太多魄力會要了你的命。不過愈是了解自己知識的極限，魄力就愈珍貴。對多數專業資金管理人來說，如果要供四個孩子上大學，不管你是賺四十萬美元或一百萬美元還是多少，你最不想管的就是進取魄力。你在乎生存，而

你生存的方式就是別做任何可能與眾不同的事。

——蒙格，史威格專訪，二〇一四年

四、理性聰明但不被高智商誤導

很多高智商的人是很糟糕的投資人，因為他們的性情很糟糕。

——蒙格，《吉普林格》，二〇〇五年

你必須對事情為何發生有熱切興趣。那種性情經年累月下來，會漸漸加強你專注現實的能力。如果沒有這種性情，就算你有高智商，還是註定會失敗。

——蒙格，波克夏年會，二〇〇二年

智商非常高的人可能毫無用處，很多人確實如此。

——蒙格，威斯科年會，二〇一〇年

智力高於平均水準，是當個成功主動投資人的先決條件。巴菲特建議，智商至少要有一二五。不過，巴菲特也說：「如果你的智商超過一二〇或一三〇，剩下的可以送人。當個成功的投資人不需要絕頂聰明。」[4]當然，智商一二五已經高於平均水準，所以還是需要一定的智力。有個關於阿爾伯特・愛因斯坦（Albert Einstein）的老笑話，能說明智商與投資之間的關係：愛因斯坦過世後上了天堂，被告知他的房間還沒有準備好。負責新來者的天使告訴他：「希望你不介意在團體宿舍住一段時間。很抱歉，但這是我們現在力所能及最好的安排。」

天使帶領愛因斯坦認識他的室友：「這是你的第一位室友。她的智商有一八〇！」

「太好了！」愛因斯坦大叫。「我們可以討論數學！」

天使接著說：「這是第二位室友。他的智商是一五〇！」

「啊，太好了，」愛因斯坦回答。「我們可以討論物理學！」

天使最後說：「這是第三位室友。他的智商是一百！」

「好極了！」愛因斯坦說。「你覺得利率會怎麼走？」

聰明人也免不了犯錯。可惜，往往非常高的智商和超越大盤的投資成果是負相關。

換句話說，超過一定程度，智力過高可能成為問題。愈是覺得自己聰明，愈可能會有類似企圖預測不可預測之事的麻煩。由於過度自信，高智商的人可能比智商低三十點的人犯更多錯誤。把自己的智商想得比實際低一些，或許就能改善投資績效。

有個遺憾的事實就是，在一個領域的智力和經驗，未必能轉換到另一個領域。更重要的是，智商測驗不能評估一個人是否理性。有人可能智商非常高，但不是非常理性。高智商的人也可能沒有完善的技能，例如判斷力和決策。因此，高智商的人超出能力圈時，通常容易受經驗豐富的推銷人員或順從業者的擺布。醫生和律師就是因為這個理由成為詐騙分子喜歡的目標。舉例來說，對心臟疾病或遺產規劃精明有見地，並不會讓你在投資方面精明有見地。雖然導致投資成效欠佳的是過度自信而非高智商，但高智商可能導致過度自信。藉由小心謹慎，例如守在能力圈之內，高智商對投資人來說還是一大優點，就像蒙格。

五、誠實為上

你在一個地方的行為表現，之後可能有意想不到的幫助。

——蒙格，《投資奇才曼格》，二〇〇〇年

一般來說，在波克夏能發揮影響力的地方，我們會盡量善待沒有權力及依賴我們的少數族群。你可能會說：「他們不是品行純良的好人嗎？」我不確定我們獲得的許多美德讚譽，是因為我們早就知道行善得美名十分有利，而且對我們確實非常有用。我的朋友彼得．考夫曼（Peter Kaufman）說：「如果惡棍真的知道榮譽多麼有用，他們會去追求。」它確實非常有用。一直都有人願意跟波克夏簽約，因為他們相信在我們有權力而他們沒有時，我們會循規蹈矩。關於這個主題有個熟悉的說法，其實就是道德理論：「擁有暴君的力量是一大好事，但像個暴君一樣使用力量卻是大錯特錯。」就是這麼簡單的觀念，卻是正確的觀念。

——蒙格，波克夏年會，二〇一一年

我們相信，在所有你應該做的事跟所有你可以做的事之間，有很大一塊區域不涉及法律疑慮。我認為你不可以接近那條界線。

——蒙格，威斯科年會，二〇〇四年

我們往往因道德額外賺到錢。富蘭克林的做法適合我們。他沒有說誠實是最佳品行，他說那是最佳策略。

——蒙格，威斯科年會，二〇〇四年

你必須有個內在羅盤，這樣就會有各種即使完全合法你也不應該做的事。那是我們努力的運作方式。

——蒙格，威斯科年會，二〇〇四年

性格對投資和人生影響重大。蒙格認為，誠實非但是做道德正確的事，還是創造最大財務報酬的方法。當企業中人們因為大家誠實而彼此信任，這種信任產生的效率能改善企業的財務報酬。蒙格還說，跟任何不合法、不誠實或不道德的事保持安全距離很重要。在類似誠實這種問題的危險地帶走鋼索是不明智的。教導誠實這個主題時，蒙格認為現實生活的案例往往效果最佳。給蒙格最多指引的個人案例是他的偶像富蘭克林：

沒道理只找活生生的榜樣……有些最理想的榜樣早已作古很久。

——蒙格，波克夏年會，二〇〇〇年

六、自信且無意識形態

對自己的判斷培養正確的自信。

——蒙格，威斯科年會，二〇〇二年

我是膽量黑帶。天生如此。

——蒙格，加州大學聖塔巴巴拉分校，二〇〇三年不愚弄自己是你該擁有的精神特質之一。它因為太過稀有而威力強大。

——蒙格，威斯科年會，二〇〇二年

蒙格證明，人有可能做到對自己的信念與能力有信心，但依然非常注意可能出錯的地方。意識到自己的局限，將重大決定維持在自己的能力圈之內，避免太艱難的決定，對自己的能力自然更有信心。真正的信心之珍貴，就跟虛假的信心有危險一樣。了解兩種信心的差異具有莫大的價值。金融作家摩根．豪斯（Morgan Housel）傳神地解釋：「知識與謙遜有強烈相關。」謙遜就是能力圈概念的核心，以及一直尋找證據反駁你或別人堅持的想法。你可能有膽量黑帶，犯了錯也會主動承認。真正謙遜的人犯的錯更少。蒙格強烈認為，太重視意識形態有危險。他曾說過，過度的意識形態可能是最失靈的極度行為失調。

如果你年紀輕輕就有濃厚的意識形態，之後又開始表現出來，那麼就是將自己的大腦鎖在非常不幸的格局之中。而且你會扭曲自己的一般認知。

——蒙格，威斯科年會，一九九八年

意識形態最主要的問題是，遇到困難的議題時不再思考。蒙格相信，定期拿出最好的構想，將之拆解，尋找其中的缺點，這是提升自己的方法，如果你是理論家，這一切就很難做到。

七、長期導向

我們的制度長期下來運作得更好。

——蒙格，波克夏年會，二〇〇六年

幾乎所有優良企業的行事都是「今天付出，明天回報」。

——蒙格，波克夏年會，二〇〇一年

以人類演化的環境，想的若不光是熬過一天或是熬到下一餐，就非有價值的使用時間方式。今天的人類身處迴然不同的環境，很難接受延遲滿足。蒙蒂爾將這個問題描述得入木三分：

倒數第二個障礙是目光短淺〔或者「雙曲貼現」（hyperbolic discounting），如果你正好是個電腦怪客〕。反映的概念是，未來的後果愈是落在愈遠的將來，對我們的選擇影響就愈少。我們可以總結為：「及時行樂，明日我們或就死去。」當然，這樣忽略了一個事實，就是任何一天我們順利熬到明天這件事，錯誤的可能性大約是正確的二萬六千倍。或者你若喜歡，這種短視傾向可以用聖奧古斯丁（Saint Augustine）的懇求來總結：「主啊，請讓我貞節，但不是現在。」

——蒙蒂爾，《Q金融》（*Q Finance*），二〇〇九年

蒙格發現，在你剛起步或重新來過時，思考很難著眼長期。因此，他曾經說過：「累積第一筆十萬美元是棘手事。」[5]這樣的理由就足以讓人努力蓄積一筆基本的財務緩衝。瀕臨傾家蕩產的生活不但不好玩，更是不利條件。

長期來說，複利的力量會日趨明顯。可惜，了解複利的力量並非人類的天生狀態，不過，這是關鍵任務。

了解複利的力量和獲得複利的困難，正是理解許多事的精髓。

——蒙格，《窮查理的普通常識》，二〇〇五年

許多並非與財務金融直接相關的東西也會複合。技能、人際關係，以及生活的其他層面可能複合加乘，對明智投資時間與金錢培養這些事物的人有益。

八、保有熱情

哪一個最重要：天生的熱情還是能力？波克夏裡都是些對自己的事業別具熱情的人。我會說，熱情比腦力更重要。

——蒙格，波克夏年會，二〇〇三年

說到熱情對於決定投資、事業或人生成就的重要性，如果不知道熱情與成功的關聯，就不會多留意。有熱情的人通常更加努力也投資更多，以求達成目標。熱情的人也會閱讀得更多、思考得更多。熱情的人通常比沒那麼熱情的人多了資訊優勢。基於種種原因，如果你不是熱情的人，卻和熱情的人玩起零和遊戲，你成功的機率會急劇下降。有關熱情的一個奧妙是，你不可能對不了解的東西熱情。通常，對一個主題的熱情程度會隨著時間而增加。你對某些主題的了解愈多，就會變得更加熱情。只對能立刻製造熾熱感覺的事物感到熱情是重大錯誤。人生中一些美好的熱情，會在緩慢啟動之後，以非線性的形態漸漸加深。

九、努力閱讀

從別人的錯誤中學習要愉快得多。

——蒙格，波克夏年會，二〇一二年

在我一生之中，（在眾多主題領域）還沒有認識哪個睿智的人不是時時都在閱讀——沒有，一個都沒有。你會對巴菲特的閱讀量之大嘆為觀止，也會對我的閱讀量嘆為觀止。

——蒙格，波克夏年會，二〇〇四年

透過大量閱讀成為終身自學者；培養好奇心並努力每天都更聰明一點。

——蒙格，《窮查理的普通常識》，二〇〇五年

你必須從感興趣的地方努力。

——蒙格，波克夏年會，二〇一三年

（買下時思糖果的）主要貢獻是去除無知。如果不是……善於去除無知，我們今天就一無是處了。我們買下時思的時候蠢得要命，只是剛好沒有蠢到不買。波克夏最好的一點就是，我們去除了許多無知。好事是我們還留下很多無知……另一

個祕訣是從你的錯誤之中拼湊，這一點有莫大的幫助。我們有個註定失敗的百貨公司，一家勢必要關門的贈品優惠券公司，和一家紡織廠，由此產生了波克夏。想想要是我們有更好的起點，我們會怎麼做。

——蒙格，波克夏年會，二〇一四年

蒙格是菲利普・費雪（**Philip Fisher**）投資方法與概念的信徒。費雪是加州一位成功的投資人，寫過一本影響深遠的書，名為《非常潛力股》（*Common Stocks and Uncommon Profits*），一九五八年首次發行。其中一項概念是，成功的投資人通常原本就對業務問題感興趣。葛拉漢正是因為這個理由才說，最佳投資方法是就事論事。意思就是，要了解股票，你必須理解業務是葛拉漢價值投資系統的根本。因此，像費雪和蒙格之類的投資人發展出「八卦」人脈網絡，讓人家幫他們深入了解一項事業。他們必定都發現，產業相關人士只要相信自己不會被引述，說起競爭對手都會暢所欲言。巴菲特也用同樣的方法：

有些時候我會出去跟顧客、供應商，也許還有前員工聊聊。所有人。每次我對一項產業感興趣，譬如煤礦，我就會四處走走，看看每一家煤礦公司。我會問每位執行長：「如果你在自己公司以外，只能買一家公司的股票，你會買哪一家，為什麼？」將這些東西拼湊起來，一段時間之後就會了解這項業務。

——巴菲特，佛羅里達大學（University of Florida），一九九八年

若是由別人犯下大部分的重大錯誤，人生要愉快許多。畢竟，光是自己犯下的錯誤就夠多了。從別人的錯誤中謹慎學習，是加快學習的方法。沒有什麼比閱讀更能讓你感同身受地接觸到更多其他人犯的錯。

十、同儕切磋

就算愛因斯坦也不會單打獨鬥。但他從來不參加大型研討會。所有人類都需要能對話的同行。

——蒙格，威斯科年會，二〇一〇年

我幾乎不認識有什麼人在生活認知方面表現非常好，卻沒有可信賴的人能說話。愛因斯坦如果沒有人可以對話，也不能有那樣的成就。不需要太多，但需要有幾個。你整理自己的想法並努力說服其他人，這是行動過程非常必要的一環。如果是獨居山裡的隱士，成就不會太好。

——蒙格，CNBC專訪，二〇一四年

有個很好的方法能避免錯誤，說不定還能提高成功機率，那就是找個人來批評你的決定。巴菲特和蒙格有能力為彼此做這樣的事，而且這種做法證明十分珍貴。巴菲特稱他的夥伴為「愛唱反調的惡劣傢伙」，因為他對提出的投資往往回答「不行」。儘管你可能沒有像蒙格這樣的投資夥伴當同事，但有一群可信賴、背景各異的經驗豐富人士也彌足珍貴。巴菲特在二〇一三年的致股東信中提到，他有一樁重大收購案因為沒有找蒙格商量，結果蒙受龐大損失。巴菲特說，那次經驗實在慘痛，希望自己不會再犯。巴菲特在那一場股東會議中還建議，下一任波克夏的執行長要找一個（或許多個）像蒙格的同事。找到能在人生中幫助你的同儕，並非不費力氣就能自然發生的事。一般人很少自願成為同儕，就像他們也不會自願當導師。

十一、健全的性情

具有某種性情比有大腦更重要。你必須控制住原始不理性的情感。

——蒙格，《吉普林格》，二〇〇五年

我和巴菲特並非天才。我們無法蒙住眼睛下棋，或是當鋼琴演奏家。但我們的成績斐然，因為我們在性情上有優勢，彌補智商之不足仍有餘。

——蒙格，史威格專訪，二〇一四年

對葛拉漢價值投資者來說，一個人對事件和生活其他層面有什麼樣的情感反應，比智力更重要。這種對人生起伏的情感反應，蒙格通常稱為**性情**（temperament），會因投資人不同而異。原本遵循葛拉漢價值投資系統的投資人，如果沒有適合投資的性情，往往會失敗。一個人的性情適合程度，是綜合他們的天生能力，以及在這個基準上下了多少工夫提升自己，所產生的結果。巴菲特這樣說：「獨立思考，情緒穩定，並深刻了解人類與團體行為，對長期投資成功至關重要。」[6]最優秀的投資者是性情冷靜理性的人。

有些人就是沒有適合投資的性情，無論怎樣訓練都矯正不了這個問題。是的，有一些人似乎天生就有一組特質，讓他們生來就能利用這套系統，但就算是這些人，也必須一輩子不斷努力，才不會因為性情中有部分功能失靈而受苦。至於其他人，大多只要堅持努力不懈，就能成為合格的葛拉漢價值投資者。就像人類的許多方面，一個人的長處通常反過來會成為這個人的弱點。每個人生活中有諸多層面，都可能基於情感及心理誤差而使他們出現錯誤。克拉曼在《安全邊際》一書中這樣寫：「不成功的投資人受制於情感。他們沒有冷靜理性地回應市場波動，而是做出貪婪與恐懼的情感反應。」[7]

蒙格認為投資人的成就高低，取決於當事人如何掌控造成其他投資人受挫的失能衝動。就像先前提到的，不可能所有人都超越大盤。無論如何，其他投資人的錯誤，是葛拉漢價值投資者的機會來源。葛拉漢價值投資系統有個非常重要的新方法，是用上電腦與軟體將人類情感徹底從流程排除。這種機器學習系統找出表現超越大盤的公司共有且與葛拉漢的價值投資原則一致的模式。由於這個過程是經由電腦演算法自動發生，股票選擇過程便可以排除人類情感。雖然巴菲特或蒙格並未使用機器學習，但與他們的原則完全相符。軟體革新所有產業，若以為投資是例外，那麼就是一種錯誤。

可以說，要梳理歸納自己究竟有無適合葛拉漢價值投資系統的性情，最好的方法是仔細寫下你的投資決定。這樣的紀錄有助於避免受心理否認之害。如果回顧你的投資表現紀錄，或許就能發現最好還是當個指數投資者。要是在身邊所有人（包括市場先生）都昏了頭之際，你無法保持鎮靜，或許你沒有適合葛拉漢價值投資系統的性情。得出你當不了葛拉漢價值投資者的結論並不是悲劇。正好相反，在你的性情不適合的情況下，卻企圖當個主動投資者，那才是悲劇。

十二、不浪費金錢

我們沒有被僕人包圍的一群（經理人）。波克夏的總部就是一間小小的套房。

——蒙格，威斯科年會，二〇〇四年

如果將投資在普通股的資金，減去每年二%的投資管理成本以及少量的交易成本，比企業發放的股利還要多……非常適合放進《愛麗絲夢遊仙境》（*Alice in Wonderland*）——支付X的股利和支付同樣的數額給投資經理人和顧問。

——蒙格，威斯科年會，二〇〇四年

莫札特（Mozart）……一輩子寅吃卯糧，那會讓你悲慘無比。

——蒙格，威斯科年會，二〇〇七年

蒙格就像他的偶像富蘭克林以及夥伴巴菲特，以他的身家財富來說相當節儉，特別是在談到營運及投資支出。除了「省一分錢等於值兩分錢」[8]的格言，富蘭克林還寫過：「致富之路就跟通往市場之路一樣清楚明白。完全取決於兩個名詞，勤勉和節儉，也就是說，不浪費時間也不浪費金錢，還要善用這兩者。沒有勤勉和節儉，什麼都做不到，有了兩者，什麼都做得到。」[9]其他葛拉漢價值投資者對節儉的重視也差不多。許羅斯最出名的，就是他經營的投資公司是向另外一家投資公司租來的一個房間。我懷疑葛拉漢價值投資者身上看到的節儉，有部分是源於他們了解機會成本和複利的力量。他們自然會比較今天的消費價值與明天更大的消費價值，因而促使他們節儉。

十三、風險規避

以（一檔股票的）波動變化當成風險基準是有毛病的。風險對我們來說是資本永久損失的風險，或報酬不足的風險。有些出色的企業報酬起伏非常大（例如時思糖果，通常每年有兩季會虧損），有些糟糕的企業可能業績平穩。

——蒙格，波克夏年會，一九九七年

這是個十分健全的地方，我們比大部分地方更能抵抗災難。我們不像別人那麼使勁壓迫。我不想回頭到起點（像大富翁遊戲那樣）。我已經走過起點……我們很多股東將絕大多數的淨值放在波克夏，他們也不想回到起點。

——蒙格，威斯科年會，二〇〇一年

很容易就能看出波克夏多麼規避風險。一開始，我們努力運作得讓所有理性的人都不用擔心我們的帳面餘額。做到之後，又表現得就算全世界突然不喜歡我們的帳面餘額，我們甚至有好幾個月都不會發現，因為我們的流動性太多了。這種對風險的雙重保護，在波克夏就跟呼吸一樣自然。那只是文化的一部分。

——蒙格，波克夏年會，二〇〇八年

前面的引文清楚說明，蒙格強烈認為風險無法像一些人宣稱的，能夠完全以市場的投資價格波動來衡量。波動肯定是風險的一種。舉例來說，如果你要退休或到了要繳學費的時候，波動就是你必須面對的一種風險，但並非唯一的風險。為什麼投資經理人企圖將風險等同於波動性，而非只是視為一種重要的風險？許多資金管理人希望你相信波動就等於風險，因為波動對他們是主要風險，要是股價下跌，投資人就會從他們的服務出走。這些資金管理者喜歡將風險等同於波動，也因為這樣能讓投資人留下風險可以準確量化的印象，有助於為他們收取的手續費提供正當性。風險不可能完全以數字表達。為什麼學術界也企圖將風險等同於波動性？蒙格認為這是因為：可以讓他們的數學完美出色，即使跟現實沒有什麼關係，以及可以帶來資金管理公司豐厚的顧問合約。塔雷伯等人曾著書記述，有瑕疵的風險管理是如何導致一場接一場的危機。投資人有時候會說的一個故事像是：一名外科醫生、一名會計師，以及一位銀行的風險經理，正在爭辯誰的職業能追溯到最久遠。外科醫生說：「上帝用亞當的肋骨造出夏娃，顯然是外科手術最早出現。」

會計師不同意：「在那之前，上帝從混沌之中建立秩序而創造了宇宙。那就是會計。」

風險經理這時候插嘴。「我贏過你們兩人了，」她說。「回答我這個問題。製造混沌的是誰？」

想看對風險做出適當定義的最佳文章，建議讀巴菲特一九九三年的波克夏致股東信。巴菲特指出，風險來自不了解自己在做什麼。風險是投資人應該收手而非「加碼」的事。巴菲特用一個故事說明處理風險的最佳做法：

每兩年我都會參加一個非正式團體，一起玩樂並探索一些主題。去年九月，我們在聖達菲（Santa Fe）的主教林舍（Bishop's Lodge）渡假飯店聚會，請艾克・弗里德曼（Ike Friedman）〔博希姆（Borsheim）的管理天才〕過來指導我們珠寶與珠寶業。弗里德曼決定讓這一群人開開眼界，於是從奧馬哈帶了約二千萬美元炫目華麗的商品過來。我有些惴惴不安〔主教林舍可不是美軍基地諾克斯堡（Fort Knox）〕，我在弗里德曼簡報前一天的開幕晚宴中，對他提起我的擔憂。弗里德曼把我拉到一邊。「看到那個保險箱嗎？」他說。「今天下午我們改了密碼組合，現在就算是飯店的管理高層也不知道密碼。」我略略鬆了口氣。弗里德曼繼續說：「看到那兩個後臀佩槍的壯漢嗎？他們會整晚看守保險箱。」這時我準備回去繼續宴會了。但弗里德曼靠過來說：「還有，巴菲特，」他悄悄透露：「珠寶不在保險箱裡。」

——巴菲特，一九八九年波克夏致股東信，一九九〇年

第六章
葛拉漢價值投資系統的八個變數

葛拉漢價值投資系統的基本原則已經討論過，現在該討論投資人的風格可以有哪些差異，卻仍是葛拉漢價值投資者。你應該還記得這本書的原則、正確素質，以及變數的架構，葛拉漢價值投資者的風格差異，就叫做**變數**（variables）。

第一項變數：決定企業恰當的內在價值

波克夏股東手冊中對內在價值的定義如下：

內在價值可以簡單定義為：在企業的剩餘存在期間可拿出的現金折現值（discounted value）。不過，內在價值的計算沒有這麼簡單。我們的定義顯示，內在價值是一種估算，而非精確的數字，而且還是在利率變動或未來現金流量預測修正時，也必須跟著變化的估算。

——巴菲特，波克夏股東手冊，二〇一四年

由於能從企業流出的現金並非年金，而是根據一些不可能準確預測的基本因素估算，因此判斷企業的價值是一門藝術而非科學。幾乎所有投資人判斷企業內在價值的方法都略有不同，這一點本質上沒有什麼錯。因此，最好將內在價值看成是一個範圍而非精確的數字。

有些企業的內在價值相當容易計算，但有些企業的內在價值卻讓價值投資者不知從何算起。蒙格甚至不會對每個企業都做評估：

我們沒有估算所有企業正確價值的系統。我們幾乎全都放進「太難」那一堆，篩選過濾幾個容易的案子。

——蒙格，波克夏年會，二〇〇七年

理想情況下，判斷企業內在價值的過程，容易到蒙格用心算就能做出評估。雖然智力較平庸的人或許得用上計算機，才能做同樣的數學運算，但蒙格渴望簡單與顯而易見的結果，道理依然適用於葛拉漢價值投資者。如果蒙格判斷，評估企業的價值太困難，他會乾脆說「我放棄」。這是非常強大卻未能充分利用的觀念。用個棒球的比喻，蒙格和巴菲特最愛的一點就是，投資人不必每一球都揮棒。

許多過度自信的人，他們的傾向正好跟蒙格使用「太難」分類相反。換句話說，高智商的人通常喜愛解決困難評價問題的機會，認為自己有足夠的心智能力可獲取更高報酬。事實卻是，在企圖解決難題時，導致損失的是情感與心理問題，而非缺乏智力。難題就是難題，充滿了犯錯的機會。

流程簡單時，判斷企業價值才能做得最好也最可靠。即便是流程相當簡單的案例，葛拉漢價值投資者也必須記住，評估過程本身就不精準。一個不精準的價值對價值投資者來說完全可以接受，因為葛拉漢價值投資者尋求的是寬裕的安全邊際，不需要精準的計算。有個不錯的比喻就是，服務生企圖判斷一名顧客是否超過法定飲酒年齡。有些餐廳客人明顯高於法定飲酒年齡，就像有些企業的內在價值明顯能提供必要的安全邊際。

巴菲特和蒙格承認，他們對內在價值的定義並非完全相同。巴菲特認為：

> 內在價值重要得不得了，但又非常模糊。此外，兩個人看著同樣一堆事實，得出的內在價值數字幾乎一定會有差異，哪怕只有一點點，這點甚至適用於我和蒙格。
>
> ——巴菲特，波克夏年會，二〇〇三年

定義的模糊，足以讓真正經驗豐富的聰明投資者，心算就能算出這道數學題。

> 巴菲特會談到這些折現現金流量。我從未見他算過一次。
>
> ——蒙格，《巴菲特開講》，二〇〇七年

巴菲特在一九九四年的波克夏「董事長的信」中寫道：「內在價值是個不可能精準確定的數字，基本上只是估計……不過，儘管內在價值含糊不清，卻非常重要，也是評估投資與企業相對吸引力的唯一合理方法。」[1] 雖然對估價的看法及做法細節或許有些不同，但大體上都是一致的。估價並非葛拉漢價值投資者一路拼拼湊湊的。麥克．普萊斯（Michael Price）的看法是：「內在價值是一個生意人在充分盡職調查及大額銀行授信額度下，願意為了完全掌控一家企業而付出的價值。對我來說，最大的指標就是完全掌控部位的交易水準，而非市場交易水準，或相對類似（企業）股票的交易水準。」[2]

具備某些特點的企業，是蒙格連碰都不會碰的：

> 有兩種企業：第一種賺一二％，年底時可以拿到；第二種賺一二％，但所有多餘的現金必須重新投資——絕對不會有任何現金。這讓我想到一個人看著所有的設備說：「這些全都是我的獲利。」我們討厭那種企業。
>
> ——蒙格，波克夏年會，二〇〇三年

蒙格和巴菲特在評估企業時，是以他們所說的**業主盈餘**（owner's earnings）為起點。業主盈餘可以定義為：淨利＋折舊＋折耗（depletion）＋攤銷－資本支出－新增營運資金。波克夏在這個過程使用業主盈餘，將維持企業股東權益報酬率所需的資本支出納入考量。計算業主盈餘更完整的說明，可參考本書〈波克夏選股的計算邏輯〉。

業主盈餘並非傳統的估價衡量標準。其他葛拉漢價值投資者在計算價值時，可能採用不同的衡量標準，如息稅前利潤（earnings before interest and taxes, EBIT）。舉例來說，葛林布萊特在《超越大盤的獲利公式》（*The Little Book that Beats the Market*）中表示，他將息稅前利潤的折舊部分視為資本支出的替代，言下之意似乎是以資本支出取代折舊更好。

巴菲特對於成長發展在判斷企業價值的重要性，看法呼應蒙格的方法：

> 成長一直是計算價值的組成分子，構成的變數其重要性可能介於微不足道和巨大無比，影響可能是負面也可能是正面……只有在企業的投資可產生不斷增值的誘人報酬時，成長才對投資人有益，換句話說，就是用來支應成長的每一塊錢，都

能創造超過一塊錢的長期市場價值。以需要持續增加資金的低報酬企業來說，成長對投資人有害。

——巴菲特，一九九二年波克夏致股東信，一九九三年

個別投資人心中的內在價值定義保持一致，要比計算方式與所有葛拉漢價值投資者相同更重要。我們將會說明，內在價值是投資人在耐心觀察投資價格長時間盤旋上下時，最後分析的參考點。在做估價分析時，像蒙格這樣的葛拉漢價值投資者非常保守。

第二項變數：決定適當的安全邊際

安全邊際是個簡單概念，不同的投資人會套用在不同地方。有些投資人喜歡比其他人更大的安全邊際。舉例來說，一個葛拉漢價值投資者可能需要二五％的安全邊際，另外一個則需要四〇％。當然，由於內在價值的概念本身並不精確，安全邊際的計算自然也不精確。更方便的是，蒙格和巴菲特喜歡安全邊際的量大到只需要心算即可。當然，

巴菲特和蒙格用心算做到的，比平常人用計算機做的算術還多，但意思不變。蒙格希望牽涉到評估投資的數學要簡單，一目了然，而且明確無疑。蓋茲對這一點有過評論：

擅長數字不見得和成為優秀投資人有相關。巴菲特不是因為更善於計算機率而表現超越其他投資人。根本不是。一項投資做與不做的差別若要計算到第二位數，巴菲特從來不做。他不投資——揮棒，除非機會好得令人不敢置信。

——蓋茲，《財星》，一九九六年

許多人犯的錯誤是誤以為買下優質的公司，就能確保安全無虞。一家公司或許是業務吸引人的優質公司，但光是這一點並不夠，因為你支付的每股價格才重要。類似臉書（Facebook）、耐吉（Nike），甚至波克夏等公司，或許是營收與獲利皆高的重要企業，但他們的業務還不值得天價。霍華德．馬克斯說得最好：

大部分投資人以為，品質才是判斷是否有風險的決定因素，而不是價格。但高品質資產可能有風險，低品質資產也可能安全。不過是支付價格的問題……所以說，高漲的輿論非但是低報酬可能性的來源，也可能是高風險的來源。

——霍華德．馬克斯，《有關投資與人生最重要的事》，二〇一一年

同樣地，公司股票的價格若只是從原本的高水準打落，並不表示就可放心買進。換句話說，一家公司遠離幾年前的價值，不見得代表購買這檔股票就有穩健可靠的安全邊際。蒙格曾在描述巴菲特的導師葛拉漢時，這樣談起安全邊際的概念：

葛拉漢有個私人擁有價值概念：如果整個公司要出售，會賣多少。這在許多情況下都可以計算。所以，如果你將股價乘以股數，得到售出價值的三分之一或更低，他會說你掌握了許多優勢。就算是個老酒鬼經營欲振乏力的企業，每股實質價值有如此大幅的超額，對你來說就意味著種種好事可能發生。以他的說法，有對你這樣有利的巨大超額價值，就有很大的安全邊際。

——蒙格，南加州大學商學院，一九九四年

雖然內在價值與安全邊際的計算不精確又模糊，但在葛拉漢價值投資系統仍然是關鍵任務。正如蒙蒂爾寫道：

> 估價是金融當中最接近引力法則的東西，那是長期報酬率的主要決定因素。不過，投資（一般而言）目標並非以合理價格買進，而是購買時帶有安全邊際。這反映出任何合理價格的評估都只是：評估，不是精準的數字，所以安全邊際提供迫切需要的緩衝，以緩和失誤與不幸的衝擊。當投資人違反（這項原則），投資時沒有安全邊際，他們就要承擔資本可能永久受損的風險。
>
> ——蒙蒂爾，《七大亙古不變的投資法則》（*The Seven Immutable Laws of Investing*），二〇一一年

> 投資的黃金法則：沒有資產（或策略）好到你可以罔顧支付價格而投資。
>
> ——蒙蒂爾，GMO信函，二〇一三年十二月

第三項變數：判斷投資者能力圈的範圍

我們應該處理自己有能力理解的事情。

——蒙格，英國廣播公司專訪，二〇〇九年

我們寧可應付自己理解的事物。為何會想在我們毫無優勢的領域（或許還有劣勢）玩一場競賽遊戲，而不在我們有明顯優勢的領域競賽？每個人都必須找出自己的天賦所在。你必須用上自己的優勢。但如果你企圖在自己最不擅長的地方成功，事業表現勢必一塌糊塗。我幾乎可以保證。若不然，你可以買到能中獎的彩券，或是在其他地方非常幸運。

——蒙格，史丹佛法學院，一九九八年

我認為了解自己的能力沒那麼困難。如果你有一百五十八公分，就對職業籃球說不。到了九十二歲，你不會當上好萊塢愛情片的主角。體重有一百五十八公斤，你無法在波修瓦（Bolshoi）芭蕾舞團擔任首席舞者……能力是一種相對概念。

——蒙格，波克夏年會，二〇一四年

我其實更善於判斷自己能力不足的程度，之後就索性避開。而且我更喜歡逆向思考這個問題。我們的打擊率不錯，這可能是因為我們的能力比自己以為的高一些。

——蒙格，CNBC專訪，二〇一四年

了解自己能力的限制非常重要。創投業者佛瑞德．威爾森（Fred Wilson）簡單說明：「勝出的唯一方法，就是知道自己擅長什麼、不擅長什麼，並堅持自己擅長的東西。」[3]蒙格同樣認為，投資人若超出他所謂的能力圈，很容易陷入大麻煩。投資人若保持在自己的能力圈之內，專業能力和知識能讓他們在評估投資時，有明顯高於市場的優勢。

能力圈背後的觀念簡單到讓人幾乎不好意思說出來：當你不知道自己在做什麼，比你知道自己在做什麼時風險更大。還能再簡單嗎？可是，人類通常不會依照這樣的觀念行事。舉例來說，原本聰明的醫生或牙醫，對推銷石油業科技製造公司有限合夥資格或證券的業務員來說，就是容易上當的對象。

蒙格曾指出，全世界最厲害的投資人，也在網際網路泡沫期間踏出了自己的能力圈：

索羅斯（Soros）無法忍受看著其他人在科技業賺錢而自己獨漏，於是他被宰了。

——蒙格，波克夏年會，二〇〇〇年

能力圈方法是一種機會成本分析，蒙格如此說：

我和巴菲特只看我們有核心競爭力的產業和公司。每個人都要這樣做。你的時間與天分有限，必須聰明分配。

——蒙格，威斯科年會，二〇一一年

專業化的價值在這裡當然也發揮作用。蒙格這樣說：

我和巴菲特有些可以輕易傳授給其他人的技能。一項技能是了解自己能力的優勢。如果你不知道優勢所在，那麼就不算是一種能力。而我和巴菲特更善於排除正常蠢事。我們光是致力於消除標準錯誤，就讓許多更有才華又勤勞的人望塵莫及。

——蒙格，《史丹佛法律人》（*Stanford Lawyer*），二〇〇九年

蒙格有一連串用來避免錯誤的方法。為了用比喻說明清楚，蒙格喜歡說，他想知道自己會死在哪裡，這樣就能刻意不去那裡。他的朋友兼投資人李彔描述一個這樣的方法：

蒙格想事情的時候會從反方向開始。要了解如何生活幸福，蒙格會研究如何讓生活變得悲慘；要檢驗一家企業如何變強大，蒙格先研究企業如何衰敗倒閉；大部分的人比較關心如何在股市成功，蒙格最關心的卻是為何多數人在股市失利。

——李彔，《中國企業家雜誌》（*China Entrepreneur Magazine*），二〇一〇年

藉由這種方法，蒙格盡量將投資限制在他有極大能力優勢的領域，而非只是有基本了解的領域。為了說明這一點，他曾說起有個人「企圖壟斷鞋釦市場，市場真的很小，但他全拿下了」。[4]在類似鞋釦這樣非常有限的領域賺取可觀報酬是有可能的，只不過這是能力圈非常狹隘的極端例子。但願你的能力圈領域比鞋釦大很多。不過，若是你企圖將能力圈擴展得太大，很可能產生災難性後果。李彔寫過蒙格是怎樣向他描述這一點的：

> 真正可以從生活中獲得的精闢洞見還是非常有限，所以正確的決策必須限制在你的「能力圈」。沒有明確邊界的「能力」不能稱為真正的能力。
>
> ——李彔，《中國企業家雜誌》，二〇一〇年

一旦確立了能力圈的邊界，接下來的挑戰就是維持在邊界之內。維持在能力圈之內，理論上顯然不是太深奧的學問，但對多數人來說卻難以實踐。投資人遇到非常精通說故事又狡猾的推銷人員，更有可能出現失誤。這種情況下，迥異於智商的情緒商

數（emotional intelligence）就極其重要了。人類喜愛故事，因為故事讓人暫時停止懷疑。金融史上一些重大詐騙案，例如馬多夫和肯．雷（Ken Lay），就是非常會說故事的人。故事讓人暫時停止懷疑，而處在那種狀態中，對任何人的投資過程都是有害的。

有太多投資人將熟悉和能力混為一談。舉例來說，一個人只是搭飛機搭得多，並不代表對航空業有充分了解，有能力成為這個經濟領域的投資人。大量使用臉書並不會讓你因此有資格投資社群媒體新創公司。如果你只是使用一項產品或服務，還沒有深入探究一家公司的業務，就不該投資這家公司。

那些知道如何守在自己能力圈之內的人，有些是波克夏子公司的執行長。例如，巴菲特曾指內布拉斯加家具商城（Nebraska Furniture Mart）的羅絲．布朗金（Rose Blumkin），就是充分了解自己能力範圍的人：

> （如果）你在她的能力圈方圓之外兩英寸，她甚至連提都不會提起。她完全清楚自己擅長什麼，她也無意在這些事情欺騙自己。
>
> ——巴菲特，《雪球》（*The Snowball*），二〇〇八年

知道自己能力圈的界限極其重要。蒙格覺得答案昭然若揭：

如果你有能力，那麼就相當清楚界限在哪裡。問（你是否超過界限）這個問題就是在回答問題。

——蒙格，波克夏年會，二〇〇二年

巴菲特談到一個事實，知道能力圈的邊線在哪裡，或許遠比能力圈的大小更重要。如果你只是在點上有能力並停在那些點上，那麼也可以做得不錯。蒙格曾經說過這一點：

我們放過很多東西。所有人都得尋找個特別的能力區域並專注在那上面。

——蒙格，威斯科年會，二〇〇二年

投資人持續著重在避免錯誤是相當關鍵的。如果有人企圖賣給你的東西，很難做出決定，你可以選擇乾脆說不。若可以找到容易做決策的投資，為何要做困難的決策？在使用能力圈濾器時，蒙格盡量只在自己有壓倒性優勢時投資。否則，他什麼都不想做（而大多數人發現這一點很難做到）。

> 我們不涉足高科技事業，是因為我們缺乏那個領域的特殊天資。而且，沒錯——低科技產業也可能十分困難。就說嘗試開餐廳並打開局面……致富為何就得輕而易舉？在競爭激烈的世界中，不應該有輕鬆致富之路。
>
> ——蒙格，威斯科年會，一九九八年

類似科技業這樣的經濟產業，蒙格和巴菲特都說，他們對業務的了解不足以當個科技投資人。他們覺得自己沒有辦法預測科技產業的業主盈餘，甚至五年都沒辦法，更別說幾十年了。儘管每家企業都使用科技，但蒙格和巴菲特並未將所有使用科技的公司都排除在自己的能力圈之外。

蒙格對投資科技產業的抗拒，可以追溯到他在生涯早期因逾越能力圈而犯的錯。蒙格在投資生涯早期買進一家設備製造公司，初次嘗試科技業。那次的經驗並不好。他的首席科學家被創投業者挖角；之後出現磁帶，讓這家企業的表現雪上加霜。蒙格曾經說過，這整個經驗幾乎讓他——以他的話說——「傾家蕩產」。

> 我和巴菲特不覺得我們在高科技產業有什麼大優勢。其實，我們覺得在了解軟體、電腦晶片或其他什麼東西的科技發展本質，我們有很大的劣勢。所以，基於個人的不足，我們通常會避開那些東西。此外，那是非常、非常強大的觀念。每個人都有個能力圈。要擴大那個圈子非常困難。如果我要當音樂家謀生（如果音樂是文明的衡量標準），我甚至想不出我要被貶到多低的程度。
>
> ——蒙格，南加州大學商學院，一九九四年

蒙格個人在投資科技公司的決策，不代表科技產業不適合其他能力圈包含科技的人。科技業額外的挑戰，是因為不確定性高，且創新速度日新月異。巴菲特曾說：「對在瞬息萬變的產業中經營的公司預測長期經濟狀況，根本就超出我的範圍。」[5] 投資人若審慎留意自己在科技領域的能力圈，就能應付差異。比方說，對繪圖晶片瞭若指掌，

對無線數據未必就懂得很多。若是不這樣想，就是在鋌而走險。就像克林·伊斯威特（Clint Eastwood）在電影《緊急追捕令》（*Dirty Harry*）中問的：「你得問自己一個問題：『我覺得運氣好嗎？』所以，你運氣好嗎？」

第四項變數：決定每種證券各買多少

> 我們的投資風格被賦予一個名稱：集中投資（focus investing），代表持有十檔，而不是一百檔或四百檔。集中投資多少有在成長，但真正成長的是無限制地利用顧問，讓他們建議資產配置、分析其他顧問等等。
>
> ——蒙格，威斯科年會，二〇一〇年

除了抱怨顧問和他們的收費，蒙格也表示分散投資這種方法並不吸引他。有些葛拉漢價值投資者分散投資，而其他如蒙格的投資組合就濃縮集中。不管採集中或分散的投資組合策略，都可能還是葛拉漢價值投資者。一旦決定成為主動投資者，蒙格就成為集中投資的狂熱愛好者。蒙格對這些議題的典型觀點如下：

> 主動管理型指數投資（closet indexing）……是付給經理人一大筆錢，而他有八五％的資產投資類似的指數。如果你有這樣一套方法，那麼你就是被當冤大頭。
>
> ——蒙格，威斯科年會，二〇〇五年

蒙格發展出這套哲學，主要是以費雪為學習榜樣。在說到分散與集中時，蒙格認為專注集中對他是更好的解答：

> 我一直喜歡吸引我的人能同意我的看法，所以我對費雪有美好的回憶。找到好的投資很難，集中在少數幾個也難，這樣的見解對我來說，似乎就是昭然若揭的精闢見解。但投資界有九八％不這樣想。
>
> ——蒙格，波克夏年會，二〇〇四年

選擇集中投資而放棄分散投資的投資人，每個人的原因略有不同，但有某些共通點。克拉曼指出，對十家或十五家公司深入了解，好過對許多家公司都只知道皮毛。一個人可以實際追蹤，並比市場更加了解業務具體經濟狀況的個股數量，明顯低於二十家。舉例來說，一個全心投入工作的牙醫師，要挑選出優於大盤的科技股，特別是在扣除各種費用成本之後，實在不太可能。別忘了，這項任務不光是挑出優質的公司，還要找出定價錯誤的賭注。

也有些葛拉漢價值投資者不同意蒙格的看法而相信分散投資。兩個著名的例子就是葛拉漢本人以及許羅斯。史威格指出：「即使偉大的投資分析師葛拉漢也極力主張『適度但不過度的分散投資』，他的定義是十檔到約三十檔證券之間。」[6]大蕭條過去多年之後，再也不可能廣泛分散且只投資上市股票。有些投資人尋求比蒙格更廣泛的分散，投資流動性較低及較少交易的市場，例如不良債券。當然，這些流動性較低也交易較少的市場，也是最可能出現資產定價錯誤的地方，理性的葛拉漢價值投資者可以找到低價標的。巴菲特認為，分散投資是對不知道自己在做什麼的保護措施，而且說到投資時，幾乎沒有一個人知道自己在做什麼。最多元化的方法，就是購買低手續費指數型基金和指數股票型基金。

蒙格認為最悲慘的投資案例之一，就是有人以為自己是主動投資者，但他們其實投資了太多股票，結果成了「主動型指數投資者」（closet indexers）。採用波克夏系統的投資人是集中投資者。蒙格表示：

> 波克夏風格的投資者通常分散程度低於其他人。學術界美化分散投資的概念，給聰明的投資人幫了可怕的倒忙。因為我認為這整個概念根本荒唐愚蠢透頂。這個概念強調，投資結果距離平均投資成果不太多也沒關係。但如果沒有人拿鞭子、拿槍逼你，為什麼要趕著上那班車？
>
> ——蒙格，《吉普林格》，二〇〇五年

第五項變數：決定何時賣出證券

在（某樣東西）逼近你計算的內在價值時很難賣出。但如果你買了幾家優秀的公司，就可以高枕無憂。這是好事。

——蒙格，波克夏年會，二〇〇〇年

我們通常不會賣掉營運中的企業，這是一種生活態度的選擇。我們買得不錯，有幾個如果賣掉會更好。但如果我們不做金拉米式管理（gin rummy management），劇烈變動投資組合，最後我們會做得更好。我們想要得個不折騰反覆的名聲，競爭優勢就是不折騰。

——蒙格，威斯科年會，二〇〇八年

對我們來說，投資就等於按照同注分彩系統（pari-mutuel system）*下賭注。我們尋找勝率為二分之一的馬，賠率為三賠一。換句話說，我們尋找的是定價錯誤的賭博。投資就是這麼一回事，你必須懂得夠多，知道這場賭博是否定價錯誤。

——蒙格，南加州大學商學院，一九九四年

一個人如果到了做幾項重大投資之後就袖手不管，那就有莫大的優勢：你付給經紀人的費用更少，你聽到的胡說八道更少。如果運作良好，政府的稅賦制度每年會多給你一、二或三個百分點的複利。

——蒙格，《投資奇才曼格》，二〇〇〇年

蒙格在前述引文想指出的是，葛拉漢價值投資者採用各種方法應對何時，或是否要賣出特定投資的問題。蒙格比較喜歡買下一家企業或企業的一部分，之後永久持有。他的偏好絕大部分是出於長期持有資產，可獲取一定的稅賦優勢和其他有利條件。因為沒有那些稅賦成本、交易成本，以及其他費用，投資人的複利優勢大幅提高。不同於蒙格，有些葛拉漢價值投資者選擇在資產接近內在價值時賣出。究竟要不要賣出，或何時賣出資產，沒有正確答案，而投資人如何回答這個問題，有部分也和性情有關。不過，

＊譯注：通常在賽馬中採用的一種賭博方式，對特定場次的全部賭金，在扣除一定比例的管理費和稅項後，由獲勝的下注者按所下賭注的比例分享。

大部分葛拉漢價值投資者似乎偏好蒙格的做法。

第六項變數：找到定價錯誤的資產時，決定下注多少

人類並未被賦予始終都能無所不知的天賦。但會賜予辛勤努力的人類——四處留意並篩選定價錯誤的賭注，偶爾找到一個的機會。

——蒙格，南加州大學商學院，一九九四年

我們是在非常確信自己正確時，相信我們找到定價錯誤的賭注並大舉加碼。

——蒙格，南加州大學商學院，一九九四年

聰明人會在這世界給他們機會的時候大舉下注。他們在有機會成功時大舉下注。其他的時間，他們不賭。就是這麼簡單。

——蒙格，南加州大學商學院，一九九四年

在軍中玩撲克牌以及年輕時當律師，磨練出我的職業技能……你必須學習的是，在機會不利於你的時候早早收手，或者在有大優勢的時候放手一搏，因為你不是常常都能有大優勢的。

——蒙格，《投資奇才曼格》，二〇〇〇年

我喜歡的模型——有點像是簡化普通股市場運作的概念，就是賽馬場的同注分分彩系統……每個人到了賽馬場下注，中獎機率隨著賭注而變化。這就是股市的狀況。傻子都看得出，一匹馬若負重輕、勝率高、起跑位置好等，更有可能勝過紀錄差又過重的一匹馬。但如果看機率，劣馬的賠率是一百賠一，而好馬的賠率是三賠二。這若是用費馬（Fermat）與巴斯卡（Pascal）的數學，就說不清哪一個從統計來看是理想的賭注。

——蒙格，南加州大學商學院，一九九四年

靠著只投資能力圈範圍之內，蒙格盡量只在自己有絕大優勢時投資。當他難得有絕大優勢時，他會大筆下注。意思是他沒有其他投資人活躍。蒙格認為，為了買賣而買賣股票（例如保持忙碌）是非常糟糕的想法。蒙格非常強烈不苟同他所謂的投資活動過度（investment hyperactivity）。如果不確定，他的建議是什麼都別做。

> 在這裡，我會說，如果我們的預測比別人好一點，那是因為我們盡量少做預測。
>
> ——蒙格，波克夏年會，一九九八年

> 我們嘗試預測哪些個別投資在浪潮之中表現得好。然後我們通常會在風平浪靜之後，接受浪潮的結果。
>
> ——蒙格，威斯科年會，二〇〇一年

蒙格不喜歡投資決定取決不下的狀況。他肯定不會投資弊多利少的項目。這種哲學背後的概念，我聽過表達得最好的是知名投資人山姆．澤爾（Sam Zell）：

> 告訴你，生意很簡單。如果你的劣勢少而優勢多，就去做。如果劣勢大而優勢小，趕緊跑。唯一有事要做的時候，就是劣勢大、優勢也大的時候。
>
> ——澤爾，《紐約客》（*New Yorker*），二〇〇七年

以金融理論來說，聰明投資人尋求的是**可選性**（optionality）。塔雷伯這樣描述聰明投資者在尋求的東西：「遵循冪次法則統計分配的收益，有接近無限大的優勢，但因為可選性的緣故，不利之處有限。」[7]有個笑話能說明可選性的價值：一位投資銀行家和木匠在長途飛行中比鄰而坐。投資銀行家問木匠想不想玩個有趣的遊戲。木匠很疲累，只想睡一覺，於是委婉拒絕並打算睡覺。投資銀行家大聲堅持遊戲很好玩，還說：「我問你一個問題，如果你不知道答案，你只需要給我五美元。然後你問我一個問題，如果我不知道答案，我給你五百美元。」為了讓他安靜，木匠同意玩遊戲。

投資銀行家問第一個問題：「從地球到土星的距離多遠？」木匠什麼都沒說，掏出

五美元交給投資銀行家。

接著木匠問投資銀行家：「什麼東西上山時是三條腿，下山時有四條腿？」說完就閉上眼睛繼續休息。

投資銀行家立刻打開筆記型電腦，連上飛機上的無線網路，在網際網路搜尋答案卻徒勞無功。他接著寄電子郵件給所有聰明的朋友，他們也沒有答案。搜尋了兩個小時後，他終於放棄。投資銀行家叫醒木匠，給她五百美元。木匠收下五百美元後繼續睡覺。投資銀行家不知道答案急得快抓狂，於是又搖醒木匠，問：「什麼東西上山時是三條腿，下山時有四條腿？」

木匠給投資銀行家五美元，然後繼續睡。

第七項變數：決定應否考慮一家企業的品質

葛拉漢有盲點。他太過低估一項事實，就是有些企業值得付出大筆溢價。

——蒙格，《投資奇才曼格》，二〇〇〇年

蒙格評估企業價值的方法，有部分受到葛拉漢的影響，有部分受到費雪的影響。蒙格對葛拉漢價值投資系統的想法演變，費雪有根本的影響。對費雪來說，廣泛分散基本上是一種主動管理型指數投資。他認為投資人如果期望超越大盤，就應該集中在數量相對較少的個股。費雪偏好的持有期限近乎永久，例如，他在一九五五年買了摩托羅拉（Motorola），一直持有到二〇〇四年。費雪還認為正中紅心好球的投資機會可遇而不可求，唯有願意耐心尋找的投資人才能遇到。費雪覺得景氣循環及市場先生的態度變化在所難免。不同於許多投資者，費雪將極大比重放在基本業務的品質。因此，費雪投資時得以超越大盤，即使他不去尋找雪茄屁股股票。

納入費雪概念的做法，迥異於克拉曼等葛拉漢價值投資者的做法。蒙格和克拉曼都要求安全邊際，這是葛拉漢價值投資原則，但每位投資人選擇計算內在價值與安全邊際的方法各不相同。對蒙格來說，費雪採用的方法明顯更勝一籌：

> 如果我不曾出生，巴菲特大概後來會更加喜歡更出色的企業，對於有深度價值的雪茄屁股沒那麼感興趣。雪茄屁股的供應漸漸耗竭……沒有蒙格，自然的趨勢

也是這樣走。但他因為崇拜葛拉漢而受到些微洗腦，所以有很多資金遵照傳統的葛拉漢方法，我或許推著他朝他已經在走的方向走得再快一些。

——蒙格，《吉普林格》，二〇〇五年

我所說的葛拉漢典型概念有個缺點，就是（大蕭條之後經過充分的時間）全世界慢慢變聰明，那些真正明顯的便宜貨消失了……葛拉漢的追隨者於是改變蓋革計數器（Geiger counter）*上的刻度。事實上，他們開始以不同方式定義便宜貨，而且依然相當成功。所以葛拉漢智力系統是非常好的系統。

——蒙格，南加州大學商學院，一九九四年

今日的巴菲特與費雪的相似程度，說不定高於他曾經明確說過的一五％，但只有他知道我的看法正確性有多少。蒙格的影響，讓巴菲特明顯遠離純粹的葛拉漢方法。他們投資時思糖果，就是波克夏為一家優質公司支付更多的早期案例。蒙格和巴菲特發現，時思糖果有尚未發揮的定價能力，可以非常顯著提升公司的財務報酬。兩位投資人在買了時思糖果之後發現，他們可以定期提高價格，而顧客似乎並不在意。蒙格稱這種提升價格而不會導致銷售大幅下滑的能力為「定價能力」（pricing power）。巴菲特曾說：「五十多年前，蒙格告訴我，以合理價格買下一家好的企業，遠優於用驚人價格買下一家普通的企業。」[8]蒙格在這裡提到的觀念是，體質超優的公司若以合適的價格買下，依然是符合葛拉漢價值投資系統原則的便宜買賣。

這種朝費雪評估企業的方法轉變，有部分是因為葛拉漢喜歡買的那類企業，隨著大蕭條過去日久而開始消失。其他推向費雪概念的推力，則是因為蒙格與巴菲特在市場上有斬獲。由於他們持續獲得穩定的報酬，波克夏每年必須將大量現金投入運作，而要找到滿足如此規模的雪茄屁股投資，是不可能的任務。

不同於更為純粹的葛拉漢風格投資者，蒙格認為自己的投資風格必須演進。

> 葛拉漢追隨者……了解到有些公司以帳面價值的兩、三倍賣出，可能還算是

＊譯注：用來測量放射量的儀器。

非常便宜，因為其定位隱含動能，有時候還加上了部分個人或某些人清楚展現的非凡管理能力，或某些制度還是其他。一旦我們克服障礙，根據可能嚇壞葛拉漢的量化標準，辨認出應該是便宜買賣的東西，我們就開始考慮更好的事業。

——蒙格，南加州大學商學院，一九九四年

對蒙格來說，買進一項資產時，不考慮基本業務的品質實在太受限了。

投資遊戲向來涉及考慮品質與價格，祕訣在於獲得的品質多於你付出的價格。就是這麼簡單。

——蒙格，《投資奇才曼格》，二〇〇〇年

我們確實從高品質企業賺到錢。有些情況是我們買下整個企業；有些情況是我們只買下大批股票。但是分析下來，大筆金錢是從高品質企業賺到的。而其他賺到很多錢的人，大多也是從高品質企業賺到的。

——蒙格，南加州大學商學院，一九九四年

蒙格認為一家公司的品質愈好，長期而言，在你背後的風力愈大。

蒙格和巴菲特如何評估品質？

> 撇開價格問題不談，能擁有的最理想企業，就是在很長一段時間內，可用非常高的投資報酬率大量地累積資本。最差勁的必定是正好相反，也就是說，持續以非常低的投資報酬率使用愈來愈多的資本。
>
> ——巴菲特，一九九二年波克夏致股東信，一九九三年

蒙格和巴菲特非常重視企業賺取資本報酬能力的規模與持久性。投資資本報酬率（return on invested capital, ROIC）是稅後營業利益除以投入企業的資本總額所得的比率。簡單來說，一家企業用於業務的資本能賺取多少，對蒙格和巴菲特來說就決定了這家企業的品質。業務本身的成長無所謂好壞。同樣在一九九二年的致股東信，巴菲特寫道：

唯有企業的投資可以產生吸引人的新增報酬，成長才對投資人有益，換句話說，就是用於支應成長的每一塊錢，都能創造超過一塊錢的長期市場價值。

——巴菲特，一九九二年波克夏致股東信，一九九三年

第八項變數：決定擁有哪些企業（全部還是部分）

我們需要的企業，必須有些特徵能給我們持久的競爭優勢。

——蒙格，英國廣播公司專訪，二〇〇九年

真的得對業務瞭若指掌。必須對競爭優勢一清二楚；必須清楚掌握競爭優勢的維持能力；必須願意在價值方面做量化；而且必須將這些價值拿來跟股市中其他可得的價值做比較。

——蒙格，《吉普林格》，二〇〇五年

從競爭優勢來判斷企業的持久性。

——蒙格，《哈佛法律學報》，二〇〇一年

我們買下障礙。打造出障礙是很困難的事……我們那些偉大的品牌並非我們創造的。我們用買的。如果你用重置價值（replacement value）的大幅折扣買下來，這東西又難以取代，你就有很大的優勢。一個競爭對手就足以毀掉一個僅有小幅利潤的企業。

——蒙格，波克夏年會，二〇〇二年

我們偏好在不必另做決定的地方投下大筆資金。

——蒙格，波克夏年會，二〇〇一年

好企業與壞企業的差別是，好的企業提出一個接一個的輕鬆決策，壞的企業一次又一次提出困難的決策。

——蒙格，波克夏年會，一九九七年

為什麼有些企業為企業家和投資者創造輕鬆的決策？答案有很大部分在於個體經濟學：如果沒有重大的進入障礙創造**可長可久的競爭優勢**，在所難免的競爭會導致企業的投資報酬率下降到機會成本，而生產者將毫無經濟收益。波克夏使用的比喻是，企業本身應該視同一座城堡，而城堡的價值取決於發揮保護作用的**護城河**強度。

一家企業是否有可長可久的護城河，對蒙格這樣的投資人無疑是最重要的特質。他以兩種方式描述護城河，每一種都強調護城河能長久維持的重要性：

> 我們必須讓企業具備某些固有特點，能帶來耐久的競爭優勢。
>
> ——蒙格，英國廣播公司專訪，二〇〇九年

> 我們盡量以低價、乃至於合理價格，買下具有持久競爭優勢的企業。
>
> ——蒙格，波克夏年會，二〇〇四年

有關護城河的基本要素，更詳細的描述將在標題為〈建立企業「護城河」的五人要素〉的附錄中說明。如果本書看到這裡，你決定要「實際應用」巴菲特與蒙格版本的葛拉漢價值投資系統（包括考慮企業的品質），那麼就需要深入了解護城河的本質。買進雪茄屁股的葛拉漢價值投資者，或許認為他們不太需要了解企業擁有的護城河本質，但我相信，對護城河有完整的知識，對他們還是很重要的。就像我在本書先前提到過的，要評估一家企業的品質，必須了解業務的基本面。對有些人來說，這些可能無聊乏味，但有些人（像我）卻覺得引人入勝。如果你覺得這個主題無趣，那麼你成為成功葛拉漢價值投資者的機率將大幅下降。

第七章
成功企業必備的正確素質

有些讀者在本書看到蒙格施行的葛拉漢價值投資系統，可能會好奇，為何要付出那麼多時間在所謂的企業基本面？如果你開始這樣想，請提醒自己，金融資產如一股股票，並不是一張紙，而是背後業務的一定比例。如果不了解基本業務，就不可能成為成功的葛拉漢價值投資者。

任何企業的主要基本面之一就是管理。蒙格和巴菲特最出名的，就是將幾乎所有權責都交託給波克夏的子公司，讓他們自行經營業務，只有資本配置和建立薪酬制度除外。換句話說，波克夏內部的業務管理是極端去中心化，資本配置與薪酬制度的管理則是高度集中。

一、資本配置技巧

波克夏的主要管理活動就是資本配置。蒙格寫道：

> 恰當的資本配置是投資人的首要職責。
>
> ——蒙格，《窮查理的普通常識》，二〇〇五年

對巴菲特和蒙格來說，資本配置最重要的任務，就是將類似時思糖果等公司產生的現金，部署在波克夏最理想的機會。巴菲特對資本配置重要性的看法可輕鬆說明為：

> 蒙格——波克夏的副董事長——和我本人，只有兩個工作……一個是吸引並留住傑出經理人來經營我們的各項事業；另一個是資本配置。
>
> ——巴菲特，《巴菲特寫給股東的信》（*The Essays of Warren Buffett*），二〇一一年

蒙格和巴菲特認為，資本配置這一門技藝，是許多經理人在成為公司執行長之前不會學的。他們認為，新任執行長可能是從行銷、銷售、法務，或營運部門拔擢，沒有什麼實際的資本配置經驗。他們認為這對企業可能造成大問題，因為執行長通常不知道如何做出將股東報酬最大化的關鍵決策。明智的做法是記住，有人要兜售時，一定有理由。巴菲特用個小故事說明這一點：有個人對獸醫說：「可以幫幫我嗎？我的馬有時走路正常，有時卻一瘸一拐的。」

獸醫回答：「沒問題。趁牠走路正常的時候賣了。」[1]

資本配置最重要的任務，就是將公司創造的現金部署在最理想的機會，並避開巴菲特所說的**制度性強制力**（institutional imperative）：

> 理性屢屢在制度性強制力發揮作用時枯萎凋零。舉例來說：彷彿受到牛頓第一運動定律控制，機構會抗拒現有方向出現任何變化；就像將工作擴增到填滿所有時間，企業方案或收購會具體實現而吸光所有可得的資金；領導人若有任何迫切渴望的業務，無論多可笑，手下的大隊人馬都會迅速準備詳盡的投資報酬率及策略研究

提供支持；同業的行為，無論是擴張、收購、制定高階主管薪酬，還是什麼，都會不假思索地跟進。

——巴菲特，波克夏年會，一九八九年

波克夏的文化被巴菲特及蒙格創造為，將制度性強制力視為外來物而加以抵制。巴菲特付出可觀的時間，以確保這項特徵成為他留給波克夏的遺緒。他曾寫過，在波克夏，「經理人的願望清單不會靠犧牲股東來實現」，並繼續告誡：

許多經理人（高階主管）對自己一吻的未來潛力依舊信心十足，即使在他們的企業後院，毫無反應的蟾蜍已經堆到膝蓋高了。

——巴菲特，一九八一年波克夏致股東信，一九八二年

許多公司主管不善於資本配置，他們的不足並不令人意外。大部分大當家被擢升到最高位階，是因為他們在某個領域勝過他人，例如行銷、製造、工程、行政管

理，或者有時候是機構內的政治。一旦他們成為執行長，就要面臨新的責任。他們這時必須做資本配置決策，這可能是他們從未處理過的重責大任，也不容易精通嫻熟……體認到自己缺乏資本配置技能的執行長（並非所有人都是），通常會試圖向同事、管理顧問，或是投資銀行家求助以彌補不足。我和蒙格屢次觀察到這種「協助」的後果。整體來看，我們覺得這更像是加重資本配置問題，而不是解決問題。到最後，美國企業發生一大堆愚蠢無知的資本配置。（這也是為何我們老是聽到「重整」。）

——巴菲特，一九八七年波克夏年度信函，一九八八年

二、建立與股東協調一致的薪酬制度

蒙格認為薪酬制度重要到不能委託授權：

買下適當的企業還不夠，還必須有一套讓經營者滿意的薪酬制度。在波克夏，

我們有的不是（單一）制度，我們有不同制度。制度非常簡單，我們也不會經常重新檢視，而運作效果好得出奇。買下時思的時候，我們和查克．赫金斯（Chuck Huggins）簽下一頁協議，之後就再也沒有動過。我們從來不曾聘請過一位薪酬顧問。

——蒙格，威斯科年會，二〇〇五年

一個用大量資金只創造出微幅差距的人，不應得到大筆薪水。隨便哪個白痴都能做到。而且事實上，還真的有許多白痴做到了。

——蒙格，威斯科年會，二〇〇九年

我寧可把一條毒蛇丟進襯衫，也不要聘請薪酬顧問。

——蒙格，波克夏年會，二〇〇四年

這件任務在波克夏又格外困難，因為波克夏的經營者大多已經荷包滿滿，沒有非工作不可的財務需求。因此，蒙格和巴菲特挑選的經理人，都是充分熱愛自己工作的人，財務動機只是擔任執行長的部分原因。有個熟識多位波克夏執行長的人曾告訴我，他們熱愛為巴菲特及蒙格工作，而且對經營波克夏的這兩位億萬富翁，個人忠誠度相當高。最能看出波克夏薪酬哲學的地方，就是波克夏的《股東手冊》，可在波克夏的網站找到：http://www.berkshirehathaway.com/owners.htm。

蒙格說，微觀管理旗下投資的公司執行長怎麼做，不在波克夏的教戰手冊裡。

> 任何大企業都不用擔心是否有人做錯了什麼事，要擔心的是錯事大不大，以及是不是有重大影響。你可以做很多事來緩和不良行為，但就是無法徹底避免。
>
> ——蒙格，波克夏年會，二〇一二年

當然，對微觀管理的恐懼，並非是捨棄所有管理責任的正當理由。一個董事會任由一群經理人搞垮一家企業，並不能拿害怕微觀管理當理由。像波克夏這樣的授權程度，若要發揮作用，唯有遵守蒙格描述的這個規則：

我們的成功來自我們刻意缺乏監督，並將因為缺乏監督而繼續成功。但如果你要提供最低程度的監督，就必須謹慎買進。這是不同於奇異（GE）的模式。奇異的模式也成功了，只是和我們大不相同。

——蒙格，波克夏年會紀錄，二〇〇五年

三、拓寬護城河的技巧

比起優秀的經營者，蒙格更願意有個大護城河。當然，他更希望兩者兼具，這樣就有更大的安全邊際。為了說明這一點，巴菲特評論道：「好的騎師配好馬會有好成績，但配衰弱的老馬就不行了。」[2]舉例來說，波克夏初期擁有的新英格蘭紡織公司和百貨公司，都有能幹的經理人，但是經理人受雇經營的基本業務卻像陷入流沙，什麼樣的管理技巧都解救不了那些公司的問題。另一個例子，先前負責蘋果公司（Apple）零售業務的羅恩·強森（Ron Johnson），或許是零售業的傑出經理人，但他之後經營的公司〔傑西潘尼（JC Penney）〕，從根本上就是家積弱不振的公司，造成財務結果有天壤之別。

蒙格承認有少數的例外情況，企業的品質算不上驅動因素：

你偶爾有機會接觸到由傑出經理人經營的傑出企業。當然，那是非常稱心如意的快樂日子。如果遇到這些機會，你沒有加碼，那便是重大錯誤……平均下來，賭企業的品質比賭管理的品質好。換句話說，如果必須選一個，就選企業的動能下注，而非經理人的才幹。不過，也有非常少數的情況，你找到一個異常優秀的經理人，優秀到最好跟著他進入一家看似不起眼的企業。

——蒙格，南加州大學商學院，一九九四年

企業高階主管的唯一職責就是拓寬護城河。我們必須把護城河加寬，每天都要加寬護城河。我們給你競爭優勢，你要給我們護城河。有時候確實太困難，但職責就是要拓寬護城河。我可以看到一個又一個的例子是企業中人們不這樣做。一個人必須專注於擴大護城河，看守你的競爭優勢。英國一位將軍說：「把你的子孫教得像你父祖之輩，上帝自會挽救女王。」在惠普（Hewlett Packard），你的責任就是訓練出一個能夠接棒的下屬。事情沒有那麼複雜，沒有那麼神祕深奧。在德州製作磚塊所用的流程跟在美索不達米亞一樣。

——蒙格，威斯科年會，二〇〇八年

蒙格希望企業經營者對於企業要有**歸屬心態**（ownership mentality），而不是只抱著管理者的態度。

卡內基（Carnegie）一直很自豪拿的薪水非常少，洛克斐勒（Rockefeller）和范德比爾特（Vanderbilt）也一樣，這是不同年代的共同文化。那些人全都自認為是奠基者。我很高興能擺脫根據績效收取費用的壓力。如果你是非常認真勤懇的人又討厭讓人失望，就會感受到不能辜負獎勵金的壓力。不再因管理波克夏而從獲利中提取一定的百分比，這樣他們身為股東的利益就與其他股東完全一致，如此便有莫大的優點。

——蒙格，波克夏年會，二〇〇三年

蒙格和巴菲特也希望經理人能像塔雷伯說的「投入自己的錢」。[3]他們討厭的狀況是：正面，經理人贏；反面，經理人也沒輸。他們希望風險和利益能對稱分配。在蒙格看來，給經理人適當的獎勵非常重要。巴菲特更說，他希望看到經理人「將大部分的淨值投資到公司，自食其果。」[4]

蒙格也擔心官僚作風，所以波克夏建立了他們稱之為值得信賴的縝密網絡（seamless web of deserved trust），努力避免因官僚作風而降低報酬率。

> 舉例來說，如果你是在我年輕時任職於AT&T公司，那是一家大官僚機構。誰會真的去考慮股東還是別的？而在官僚機構中，工作只要一離開你的手，進了別人的手，你的工作就算完成。但是，工作當然尚未完成。而是要等到AT&T交出它應該交出的成績才算結束。所以你就有了龐大、笨重、麻木又缺乏動力的官僚機構……規模屢屢引發的禍害，就是造成龐大、麻木的官僚機構，而這當然是在政府當中達到最高峰、最惡劣的狀態，裡面的激勵誘因極糟。但這並不代表我們不需要政府，因為我們確實需要。但是要讓大型官僚機構循規蹈矩，卻

是棘手的麻煩事。

——蒙格，南加州大學商學院，一九九四年

四、原有的管理部門具備誠信

蒙格說得很清楚，誠信作為企業的特點跟才幹一樣重要。最重要的是，蒙格看重誠信本身的價值。跟誠信的人共事，本身就是一種獎勵。額外的好處則是，經理人的誠信能夠受人信賴是一種效率，因為這代表花在確保誠實與遵守規定所需的資源較少。

我們更喜歡原有的管理部門是非常有誠信且有才華的。

——蒙格，英國廣播公司專訪，二〇〇九年

對蒙格來說，零容忍政策適用於任何和缺乏誠信相關的事。換句話說，遇到誠信問題，蒙格的目標並非「大致誠實」的標準。巴菲特一再指出，一輩子掙來的信譽可能不到一秒鐘就喪失殆盡。蒙格認為：

記住，信譽和誠信是你最珍貴的資產，可能一眨眼就不見了。

——蒙格，《窮查理的普通常識》，二〇〇五年

指望藉由將不誠實的人和誠實的人混在一起，控制住部分不誠實的人造成的負面影響，在蒙格看來是期待凌駕了經驗。

把葡萄乾跟大便混在一起，那一團還是大便。

——蒙格，波克夏年會，二〇〇〇年

看出缺乏誠信比許多人想像的困難，後果卻可能很嚴重。蒙格清楚表明，他無意買下一家管理差勁的「好」企業，之後再設法找人來經營：

我們不訓練高階主管，我們用找的。如果一座山高聳如聖母峰，不用天才也能看出那是一座高山。

——蒙格，波克夏年會，二〇〇六年

蒙格和巴菲特沒有興趣投資於企業「改造」，因為那些公司很少真的能改造。蒙格希望自己投資的公司，護城河強大到能夠熬過拙劣的管理。正如先前討論過的，他寧可護城河強大到就算公司由「白痴」經營也能存活。巴菲特和蒙格都不會在買下企業之後，交給朋友或親人經營。不過，假設他們這樣做了，也希望基於護城河，該公司的表現及得上由白痴經理人經營的企業。

任何人都能把（全盛時期的）電視網（Network TV）經營得好。如果是墨菲在經營，那會做得非常好，但就算是你那白痴姪子來，也能做得好。

——蒙格，波克夏年會，二〇〇六年

蒙格並不是說管理部門不重要，而是說，他寧可有個能通過白痴經理人測試的企業，再給企業找個能幹的管理部門。根據蒙格的看法，擁有的企業若基本經濟狀況欠佳，又面臨一個接一個難題，就算有頂尖的管理團隊，大概也拿不出好的財務成果。就這方面來說，有護城河和能幹的管理部門——例如波克夏投資的公司伊斯卡（Iscar）的經營團隊——就讓巴菲特與蒙格在投資時，有了額外的安全邊際。

五、鳳毛麟角的經理人

偶爾，蒙格和巴菲特會找到一個才華傑出的人，讓他們根本不太需要護城河。這種狀況極罕見，但確實有。

偶爾，你會發現有個人太有才幹了，能做到一般經驗豐富的凡人做不到的事。我會說西蒙．馬克斯〔Simon Marks，英國馬莎百貨（Marks & Spencer）第二代〕就是這樣的人，安迅公司（National Cash Register）的派特森（Patterson）是這樣的人，山姆・沃爾頓（Sam Walton）是這樣的人。確實會出現這樣的人，很多時候他們沒那麼難辨識。如果他們獲得適當的優勢，加上這些人通常會帶來的狂熱與聰明機智等，那麼管理就可能大為重要。不過，平均而言，將賭注押在企業品質，優於押在管理品質。換句話說，如果必須選一個，要押注在企業動能，而非經理人的才幹。不過，也有非常少數的情況，你找到一個極為優秀的經理人，優秀到最好跟著他進入一家看似不起眼的企業。

——蒙格，南加州大學商學院，一九九四年

有時候就像波克夏本身的情況，押注在出類拔萃的經理人也有價值。蒙格曾說：

有些人（非常少數）值得付高薪請來，以取得長期優勢。

——蒙格，《投資奇才曼格》，二〇〇〇年

巴菲特指出，再保險事業中阿吉特・詹恩（Ajit Jain）的才幹就是這樣的例子。巴菲特在最近的波克夏會議中說：「詹恩只靠腦力和辛勤工作，就為這家公司創造幾百億美元的價值。」這的確是極高的讚美，因為蒙格和巴菲特都沒有提到這家公司的護城河。

蒙格覺得像好市多（Costco）這種公司的管理，就是管理部門為公司增加護城河的例子。舉例來說，他瘋狂仰慕好市多的詹姆斯・辛尼格（James Sinegal）。但他清楚知道，擁有類似好市多經營者的公司不容易找。

> 我認為仰賴特殊人才很危險，最好是以不受管制的價格擁有許多獨占性事業。但那不是當今世界的狀況。我們發揮自己的才幹賺錢，也將繼續這樣做。我很高興我們有保險，只是我得警告一聲，那並非不費腦筋的事。我們必須巧妙地讓這些發揮作用。
>
> ——蒙格，威斯科年會，二〇〇二年

蒙格也相信，經驗豐富的經理人有時能找到相當安全的市場利基：

我發現將自由市場經濟（或部分自由市場經濟）想成某種生態系統非常有幫助。就像動物在小小的空間中繁衍茁壯，人若專精於某種範圍狹小的利基，就可以做得非常好。

——蒙格，南加州大學商學院，一九九四年

這種策略類似於麥可・波特（Michael Porter）教授說的「差異化」（differentiation）。[5]這種方法切實可行，但是企圖在利基市場的競爭中找到避風港，原本就比擁有護城河更有風險（有時候最好是兩者兼備）。蒙格和巴菲特認為，他們在利基市場找到管理團隊之寶的範例，就是伊斯卡：

評斷類似伊斯卡公司的管理團隊很容易，那些人天資過人，才華洋溢。但像這樣的管理部門不多，而且很少人有動機做到那種程度。

——蒙格，威斯科年會，二〇一一年

我那麼快就如此投入的原因是，那些人實在太傑出了。想到與他們共事就值得我卯足全力。我們年輕時不知道該為什麼事竭盡所能，但是等我們接觸到伊斯卡——那是我們年輕時絕對不會買的——我們知道要努力爭取對的人。那是個棒呆了的企業，什麼都有。持續學習不是很好嗎？遲到總比不到好。

——蒙格，威斯科年會，二〇〇七年

有關管理對企業的重要性，蓋茲對波克夏哲學的描述精闢扼要：

（巴菲特）對長期投資的愛好反映在另一句格言：「你應該投資一家傻瓜也能經營的企業，因為總有一天會有傻瓜來經營。」他不相信企業的成功應該仰賴員工個個傑出。他也不相信企業的基本面糟糕時，優秀人才使得了太多力。他說，當好的管理引入基本面糟糕的企業，只有企業的名聲仍然完好無缺。巴菲特為波克夏擁有的公司任命優秀經理人之後，通常就幾乎放手不管。他對經理人的基本主張就是，經理人應該相信，一家公司產生的現金，巴菲特都會明智地投資，而好的企業都會產生現金。他不鼓勵經理人多樣化，經理人應該專注在他們熟悉的業務，這樣巴菲特才能專心揮灑他擅長的事：投資。

——蓋茲，《財星》，一九九六年

藉著最後這一點名人智慧，我把你送進這個世界，希望你也能學會專注和成功投資。無論何時對投資相關（或其他方面）的決策感到疑惑，問問自己：**查理・蒙格會怎麼做？**

波克夏選股的計算邏輯

在計算**內在價值**時，波克夏採用長期（三十年期）美國公債利率為折現率。這並非慣用做法，許多人無法完全理解波克夏為何採用該利率。巴菲特解釋：

> 我們採用無風險利率，只是為了用一個項目等同另一個項目。換句話說，我們是在尋找最有吸引力的東西。為了估算現值，必須有個數字，而顯然我們隨時都可以買政府債券，因此，那就成了標準利率……只是為了比較來自各方的各種投資機會。
>
> ——巴菲特，波克夏年會，一九九七年

而這個流程所做的，就是檢驗機會成本：

聰明人根據機會成本做決策，換言之，重要的是你的其他選項。我們就是這樣做出所有決策。

——蒙格，波克夏年會，二〇〇三年

蒙格考慮資本的機會成本，是透過考慮該資本的其他可能選項。巴菲特曾說：「我和蒙格不知道我們的資本成本……我們凡事都拿其他選項衡量比較。」[1] 為何要買一個不在前二％機會的投資？就像先前解釋過的，這會產生蒙格欣然接受的集中投資組合。因為他相信風險來自不知道自己在做什麼，所以他採用集中投資風格，這點接下來將做解釋。

「蒙格購買資產時如何判斷風險？」只有在強烈相信目前的獲利**幾乎確定**會持續下去，他才會投資。雖然大部分投資人會為他們認為可能更大的風險調整折現率，但波克夏希望基本上以毫無風險為起點。換句話說，與其根據風險而調整折現率，蒙格和巴菲特採用無風險利率比較其他投資。他們尋找兼具保守判斷的基本面以及穩定的企業歷史，這對他們來說，代表該企業的現況將延續下去。不過，為了讓犯錯有緩衝，內在價值沒有至少二五％的折扣，他們是不會真的買下資產（該折扣是他們的安全邊際）。

蒙格迥異的應對風險做法，背後理論值得詳細推敲。複習一次，風險是蒙受損失的可能性（而非價格波動）。波克夏處理風險的方法，是以折扣價購買他們覺得估價保守又無風險的資產。他們的重點在於，對過程中可能犯下的錯誤做防護。他們不會做的是，提高計算所用的利率處理企業本身具有的風險。如果企業本身具有重大風險，他們將會決定放進**太難**這一堆，繼續看其他潛在機會。

蒙格和巴菲特在波克夏使用的數學程序很簡單。（請不要因為我用了**數學**這樣的字眼就放棄不看了。）首先，波克夏計算企業過去與現在的「業主盈餘」。接著在公式中插入合理且保守的業主盈餘成長率。他們以三十年美國公債利率計算，得出業主盈餘的現值。波克夏投資流程的重點在於股東權益報酬率（**return on equity, ROE**），而非每股盈餘（**earnings per share, EPS**）。順帶一提，蒙格認為每位企業經理人在做所有資本配置決策時，應該考慮內在價值。要留意的是，波克夏計算價值時，並未使用本益比倍數。業主盈餘是非常明確的盈餘類型，而他們堅持這樣一組數字。

判斷**內在價值**時，蒙格不會將推銷者的天花亂墜和大吹大擂的EBITDA（未計利息、稅項、折舊及攤銷之利潤（earnings before interest, taxes, depreciation, and amortization）」與非公認會計原則（generally accepted accounting principles, GAAP）「盈餘」照單全收。他喜歡真正的自由現金流量。他認為「被現金淹沒」其實是非常好的事。有關非公認會計原則盈餘這個主題，蒙格曾經說過：

> 我甚至不喜歡聽到EBITDA這個字眼。
>
> ——蒙格，六家商學院問答集，二〇〇九年

建立企業「護城河」的五大要素

蒙格對建立及維繫護城河的理論說明不及巴菲特完整，但他做過一些評論，指點眾人朝向正確的方向。

有助於建立護城河的五大基本要素如下：

(一)供應面的規模經濟與範疇經濟

如果一家公司的平均成本因為一項產品或服務生產更多而下降，那麼就是有供應面的**規模經濟**（economies of scale）。英特爾（Intel）是企業受益於規模經濟的典型例子。在蒙格看來，沃爾瑪透過在配銷與其他系統的投資，有了顯著的供應面規模經濟。經營大型鋼鐵廠與造船廠的公司，也可能有供應面規模經濟。蒙格描述兩種不同的供應面規模經濟：

關於規模經濟這個主題，我發現連鎖店相當有意思。想想看，連鎖店的概念真是個令人著迷的發明。你取得這麼雄厚的購買力，意思就是你的商品成本更低。你有一整群小型實驗室可以進行實驗，你會變得專精。如果有哪個小店家受到旅行業務員的影響，想購買二十七種不同商品類別，就會做出許多愚蠢的決定。但是你的採購如果是在一大堆商店的總部完成，就能有非常聰明、對電冰箱等東西瞭若指掌的人做採購。相反的例證就是一個人完成所有採購的小商店。所以有很大的採購優勢。

有些（供應面優勢）源於簡單的幾何學。如果你在建造一個巨大的圓形水槽，顯然建得愈大，表面用到的鋼鐵量就會隨著面積增加，而容量也會跟著體積變大。所以隨著尺寸增加，每單位區域的鋼鐵就能承載更多容量。各式各樣類似的事情都是由簡單的幾何學——簡單的事實——帶給你規模優勢。

——蒙格，南加州大學商學院，一九九四年

你也可以從電視廣告得到規模優勢。電視廣告最早出現時——有聲彩色影片最早進入我們的客廳時——那是力量強大到不可思議的東西。而在早期，我們有三家涵蓋全部的電視網——差不多是九〇%的觀眾。如果你是寶僑公司（Procter & Gamble），就能負擔得起這種新的廣告方法。你付得起電視聯播網非常昂貴的成本，因為你賣出的瓶瓶罐罐多不勝數。小商家就做不到。而且這還沒有辦法只買部分，因此小商家沒辦法採用。事實上，如果你的量不大，也不可能用電視聯播網廣告——那是最有效的方法。所以電視出現時，那些規模已大、有品牌的公司就搭上了一股巨大的順風。

——蒙格，南加州大學商學院，一九九四年

雖然波克夏領悟鐵路事業的財務吸引力有些晚，但蒙格和巴菲特清楚評估該事業創造的供應面規模經濟護城河。鐵路事業極不可能出現新的競爭者。如果因為美國政府對基礎建設投資不足，使得公用道路惡化，巴菲特和蒙格相信鐵路會更有價值。蒙格對鐵路事業的未來非常有信心。

你知道現在取代柏林頓北方（Burlington Northern）公司要什麼樣的代價嗎？我們不會再建造一條橫貫大陸的鐵路。而且這些資產很珍貴，有經濟效用。現在他們想提高卡車柴油價格……我們終於了解到，現在鐵路有巨大的競爭優勢，有雙層軌道車廂，由電腦指揮，運送愈來愈多來自中國的產品等。它們在許多業務類別都較卡車有大優勢。

——蒙格，威斯科年會，二〇〇八年

我們不知道怎樣靠計量標準買股票……我們知道柏林頓北方公司未來數年有競爭優勢……我們不知道蘋果有什麼……你必須得了解公司和它的競爭地位……這個無法靠數學揭露。

——蒙格，波克夏年會，二〇一三年

鐵路業有意思的地方，在於久遠以前就是一門成長產業，在成功之後造就大筆財富和嚴重破產。歷史上有很多時候鐵路是非常差勁的投資。

有關供應面規模經濟的影響，蒙格曾經指出：

有些事業的情況是，趨勢直奔由一家公司壓倒性控制。通常是朝向贏者全拿的結果。而規模的優勢太大了，因此如傑克．威爾許（Jack Welch）接掌奇異時，他只說：「我們涉足的每個領域若不能成為數一數二，就會被淘汰出局。」這就是非常意志堅定的做法，但我想如果你考慮到將股東財富最大化，那是正確的決定。

——蒙格，南加州大學商學院，一九九四年

如果生產好幾種不同的產品或服務，對一家公司來說有成本效率，就能從供應面的**範疇經濟**（economies of scope）受益。為了從範疇經濟中受益，企業必須和整個市場分享資源，同時保持資源總量大致固定不變。寄望從範疇經濟中受益的企業，必須避免單打獨鬥。

㈡需求面規模經濟（網路效應）

需求面規模經濟〔又稱為「網路效應」（network effects）〕源自於產品或服務在有更多人使用時更有價值。克雷格列表（Craigslist）、電子海灣（eBay）、推特、臉書，以及其他所謂的**多邊市場**（multi-sided markets），皆有各自的範疇經濟。美國運通（American Express）就是波克夏投資組合中，受益於網路效應的公司：接受美國運通卡的商家愈多，該服務就愈有價值，而愈多人使用這張卡，服務對商家來說就愈有價值。

蒙格曾說：

> 搞砸美國運通要比可口可樂或吉列（Gillette）容易，但那是一家極為強大的企業。
>
> ——蒙格，波克夏年會，二〇〇〇年

一家公司有了有利的網路效應，只是影響獲利的一個面向。有時候，網路效應存在，市場卻小，因為這是個利基市場。亞馬遜（Amazon）的市場龐大，這一點就它創造的市值來說至關重大。有些網路效應非常強大，有些則微弱。

有些公司有需求面和供應面的規模經濟。亞馬遜有供應面和需求面的規模經濟，而且彼此相互強化。愈多人在亞馬遜提供評論，基於需求面經濟，對其他使用者就愈有價值。亞馬遜的倉儲及供應鏈在供應面亦有巨大優勢。

(三)品牌價值

要了解蒙格如何看待品牌，用例子說明最清楚。多年來，蒙格是一家稱為威斯科金融公司的董事長。二〇一一年的威斯科年會，正好是在與波克夏合併之前舉行，蒙格在年會上承認，他和巴菲特在買下時思糖果之前，根本不了解品牌的價值。

時思糖果也是品牌力的比較測試。舉例來說，如果你成長的家庭會購買時思糖果（大多是在西岸，特別是加州地區），而你和時思糖果有關的經驗是非常愉悅的聯想，你就會願意付更多錢買一盒有時思糖果品牌的糖果。相對地，在美國東岸長大的人就不會賦予這個品牌太多價值，因為他們沒有相同的體驗。因此，時思糖果發現在區域上很難擴張，而且擴張速度非常緩慢。時思糖果賣的不單只是食品，而是一種體驗。因為盒裝糖果的銷售在節日期間最高，該公司的財報起伏也非常大。時思糖果一年有兩季虧損，獲利全都在另外兩季的三大節日。

巴菲特談到，建立品牌需要數十年：

在你十六歲第一次和女生約會時，買了一盒糖果送她或她的父母。在加州，你送的若是羅素．史托福（Russell Stover Candies），女孩會賞你一巴掌，送的若是時思，就會送你香吻……我認為時思對東岸的人沒有什麼意義，東岸的人也有機會接觸到較高檔的巧克力產品。

——巴菲特，〈時思糖果的祕密〉（The Secrets of See's Candies），《財星》，二〇一二年

雖然品牌的力量有些來自口味，但現代香料公司幾乎可以仿製出任何口味。產品或服務的商品包裝（trade dress）與呈現方式比以往更重要。蒂芬妮的品牌力很大部分就在盛放珠寶的藍色盒子。可口可樂犯了一個重大錯誤，在推出新可樂時做盲測，以為口味最重要。口味測試不做盲測時，可口可樂勝出；做盲測時，可口可樂並未勝出。蒙格有次提起這個新可樂的小故事：

（可口可樂花了）一百年讓大家相信這個商標也擁有那些無形價值。大家把它跟一種味道聯想在一起……百事可樂（Pepsi）不到幾個星期就推出以百事可樂的瓶子裝舊的可口可樂，那大概是現代最大的一場慘敗，荒謬透頂。

——蒙格，哈佛大學，一九九五年

由品牌驅動的護城河，迥異於透過供應面或需求面的規模經濟創造的護城河。舉例來說，巴菲特認為像迪士尼（Disney）這樣的公司品牌，若在談話中提及，「你的腦海中便會浮現某種東西」。他又說：

你要怎樣創造一個可以和迪士尼匹敵的品牌？可口可樂是讓人聯想到歡樂滿人間的品牌。那是你希望一家企業擁有的東西，那就是護城河，你希望這道護城河能加寬。

——巴菲特，范德比爾特參訪紀錄，二〇〇五年當然，品牌也可能隨著時間而落敗。在好市多的貨架擺上奢侈品牌——某些品牌就這麼做，對某些顧客來說可能有損這個品牌。將品牌做太廣泛的授權，也可能會損害它。巴菲特和蒙格會受自己生活中使用的品牌所吸引，時思糖果和冰雪皇后（Dairy Queen）就是兩個例子。

有些品牌出現問題完全是自找的。巴菲特接著又說起他最喜歡的一個品牌：

> 就說時思糖果吧。你無法摧毀時思糖果的品牌，只有時思自己才能做到。你必須將品牌看成對顧客的承諾，承諾我們會提供眾人期望的品質與服務。我們將產品與快樂滿足連結。你不會看到時思糖果贊助地方上的殯儀館，但會出現在感恩節的遊行。
>
> ——巴菲特，喬治亞大學（University of Georgia）參訪紀錄，二〇〇七年

關於品牌力量，兩位波克夏領導人經常舉箭牌（Wrigley's）為創造強大護城河的品牌例子。蒙格指出：

品牌的資訊優勢很難打敗。規模優勢也可能是資訊優勢。如果我到某個遙遠的地方，可能看到箭牌口香糖和格羅茲（Glotz's）口香糖。好啦，我知道箭牌是不錯的產品，但我對格羅茲一無所知。所以如果一個賣四十美分，一個賣三十美分，我會為了那區區十美分，將我不認識的東西放進嘴巴嗎？畢竟那可是相當私密的地方。所以，事實上箭牌只要達到這樣的知名度，就有規模優勢了，你或許會稱之為資訊優勢。每個人都會受其他人的行為和認可影響。另外一個規模優勢是來自心理，心理學家用的是「社會認同」（social proof）這個名詞。我們都會受到我們看到的他人行為與贊同影響——潛意識，以及某種程度的意識。因此，如果大家都在買某樣東西，我們會覺得它比較好，我們不喜歡落單。此外，這種狀況有些是在潛意識層次，有些不是。有時候，我們會有意識且理性地想：「天啊，我不是太喜歡這個。但他們知道得比我多。那麼，我何不跟隨他們？」總而言之，你的優勢可以加總起來，成為一條牢固的護城河。

——蒙格，南加州大學商學院，一九九四年

巴菲特和蒙格在判斷以品牌為主的護城河力量時，有個非常重要的測試，就是競爭者能不能用一大本支票簿複製或削弱護城河。就舉一個例子，巴菲特在二〇一二年的波克夏年會中說起可口可樂：「如果你給我一百億、二百億、三百億去打敗可口可樂，我做不到。」[1]這在他看來就清楚說明一道強大護城河的意義。類似耐吉和ＢＭＷ的公司，各自有品牌可協助維繫護城河，這是難以取得且擁有之後更具超凡價值。莫布新寫道：「品牌不會賦予自己優勢。品牌只有在增加顧客付錢的意願，或降低提供商品或服務的成本時，才能增加價值。」[2]偉大品牌的建立頗為難得，需要可觀的技巧，可以說，還要加上大量的運氣。

(四)監督管理

有些企業在監督管理方面建立了強大能力，以至於監督管理本身其實就有護城河的功能。監督管理到最後往往是在保護地位穩固的既有生產者，而不是幫助消費者。例如，有些人認為銀行建立了強大的管理專業層，使得監管者被他們管理的產業所挾制。同樣地，還有一些職業工會——如律師——能夠利用監管來限制供應。

對波克夏來說，穆迪（Moody's）因監管而在債券評等業務擁有護城河，就是一大賣點。要發行債券，監管單位確實要求發行者取得寥寥可數的幾家債券評等公司提供的意見，這代表如穆迪、標準普爾（S&P）以及惠譽（Fitch）幾家評等公司有護城河。當監管消失了，通常很快就會清楚發現，這是產業獲利能力的一大因素。換句話說，當監管構成的護城河消失，就會發現誰在裸泳。

㈤專利與智慧財產權

獲得政府授予專利權、商標，或其他類型智慧財產權的公司，相當於獲得合法獨占權。這種進入障礙可為智慧財產權的擁有者建立堅固的護城河。不管你是否覺得專利權給得太多，或是授權不甚妥當，但專利權一旦給予，價值就是另外一回事了。

有關智慧財產權的價值，蒙格這樣說：

> 在個體經濟中，會有專利、商標、獨家經銷權等概念。專利相當有意思。在我年輕時，以為投入專利的錢比專利賺到的錢多。法官通常會否決——根據的論點是

哪些為真正的發明，哪些又是奠基於先前的技術。並非全都那麼清楚分明。但情況改變了，沒有改變法律，只是改變執行方式，所以全都送到一個專利法庭。而這個法庭現在可是大力支持專利。所以我想，現在大家開始因為擁有專利而賺很多錢。但商標和經銷權向來就很重要。商標確實一直都能讓人發大財，商標系統如果廣為人知，對大企業來說是莫大的好事。

——蒙格，南加州大學商學院，一九九四年

因為智慧財產專利權而讓波克夏評價更高的公司之一，就是路博潤（Lubrizol）。

巴菲特曾說：

一開始在我看來，這就是一樁我什麼都不了解的生意。你也知道，這裡說的是石油添加劑……有競爭護城河、容易進入諸如此類的問題嗎？我一開始根本什麼都不懂。幾天後我和蒙格談起……蒙格說：「我也不懂。」

——巴菲特，波克夏年會，二〇〇八年

最後，巴菲特被說服，買下路博潤。巴菲特曾說：

我判定這裡大概有相當可觀的護城河。他們拿到大批又大批的專利，但除此之外，他們跟顧客建立了良好關係。

——巴菲特，波克夏年會，二〇〇八年

二〇一一年的波克夏年會，巴菲特重申，他決定繼續進行，是因他認為路博潤擁有超過一千六百項專利，讓該公司有「持久的競爭優勢」。

蒙格有另一個智慧財產權證明其價值的案例，是發生在一九七〇年代，當時羅素・史托福開始在時思糖果的勢力範圍展店。羅素・史托福的門市外觀設計得非常類似時思糖果門市。藉由主張智慧財產權，蒙格以訴訟威脅，取得羅素・史托福的同意，停止開設類似的店面。

眾多因素的累積影響

有些企業——如波克夏——因為結合比競爭對手更好的制度與文化，得以建立護城河。了解這點的方法之一，就是觀察波克夏，並探詢是否有護城河。換句話說，雖然波克夏有巴菲特和蒙格，但該公司還有什麼可以充當進入障礙，建立持久的競爭優勢？波克夏有許多要素組成整個護城河，而這些要素又因為「配合」在一起的方式而進一步增強。簡單說，這些要素創造的總值，大於各部分的加總。

本單元提出幾個共同建立波克夏護城河的要素。

(一)波克夏有租稅效率

當波克夏旗下投資的公司（例如時思糖果）創造現金，那筆現金很少投資在開設更多時思糖果門市、製造工廠，或是併購，因為資本報酬率會低於波克夏內部的其他選擇機會。由於波克夏的結構，巴菲特得以將現金從時思糖果轉移到以租稅效率來說最理想的機會（不必支付時思糖果若派發股利，或賣出股份將資金重新投資時，可能徵收的稅賦）。巴菲特進一步說明：

由於我們還有能力以租稅效率的方式，在公司內部重新分配資金，所以我們可以將資金重新配置，來獲取比股東自己所能賺到的更高報酬。

——巴菲特，波克夏年會，二〇〇八年

蒙格也說：

另外一個非常簡單的效應，但我很少看到投資經理人或其他人討論的，就是稅賦的影響。如果你要買個東西，以每年一五％的複利計算三十年，最後繳納的稅金是三五％，那麼算下來，稅後每年還有一三．三％。反之，如果你買同樣的投資，但每年從你賺取的一五％當中支付三五％的稅金，那麼你的報酬率就是一五％減去一五％的三五％，或是每年複利計算僅九．七五％。這當中的差異超過三．五％。而以長期持有如三十年的時間，三．五％足以對數字產生令人瞠目結舌的影響。如果你抱著優秀的公司很長、很長一段時間，光是在所得稅部分就有巨大的優勢。

——蒙格，南加州大學商學院，一九九四年

巴菲特說到，在支付三五%的全額營業稅之後帳面價值增加。指數不需要納稅。

——蒙格，波克夏年會，二〇一四年

(二)波克夏的間接費用低

蒙格在威斯科的會議上說：

很多人在想，如果有更多流程和更多規定守則（反覆查核等），就能創造更好的結果。好吧，波克夏幾乎沒有任何流程。在被強迫要求之前，我們幾乎沒有任何內部稽核。我們只是以值得信賴的縝密網絡運作，並謹慎挑選託付的人。

——蒙格，威斯科年會，二〇〇七年

經理人必須「自食其果」的信任為本制度，是波克夏文化的核心，轉換之下，就是間接費用較低。《紐約時報》這樣說：

（波克夏）企業總部在一棟辦公大樓中，單一樓層的區區二十五人。巴菲特先生和他的員工在那裡配置資本，並考慮收購或出售、旗下所投資公司經營者的聘用或解雇，其他的就甩手不管。

——《紐約時報》，二〇一四年

晨星（Morningstar）還說：「該公司所有營運公司都是以去中心化的方式管理，排除層層管理控制的需求，並將責任下放到子公司層級，子公司的經理人獲得授權自行決策。」[3]

要讓「值得信賴的縝密網絡」制度運作，必須安排優秀的經理人和適當的獎勵誘因。波克夏的文化，是為了確保任何繼任巴菲特的人都知道怎麼做。巴菲特在二〇一四年的波克夏股東會議中表示，如果波克夏有弱點，那麼就是他們往往過於信任，但這也導致間接費用低。「信任的縝密網絡」制度本身就是波克夏護城河的一環。

㈢波克夏是私人買家的第一選擇

如果你窮盡一生建立事業，又決定將公司賣掉，巴菲特和蒙格提供你獨一無二的機會，他們會讓你（事實上更希望你）繼續經營事業。你的另一個選項是將事業賣給私募股權公司，他們毫不在乎你的事業，而且可能讓公司背滿債務，造成可能讓公司倒閉的嚴重風險。巴菲特有保留事業的歷史紀錄，而不是拿企業或其他持有股份，玩蒙格所謂的「金拉米遊戲」（a game of gin rummy），這一點使波克夏對許多企業賣主頗具吸引力。[4]

將事業賣給波克夏的人都很有錢，而且多到用不完。波克夏提供賣主機會，確保他們在意的事業以及任職的員工能繼續成功發展。因此，波克夏能以非常吸引人的價格獲取購買事業的機會。巴菲特在最近一次的股東會議說：「私募股權公司購買事業，但他們時時在找機會將股權賣出。」[5]為了讓賣主放心，就算報酬不出色，巴菲特還是不會放棄該項事業。巴菲特曾說過這一點：

如果你寫下我們為何保留一些事業的原則，你在商學院的分數大概會不及格，但我們做了承諾。如果我們不能履行承諾，消息會傳出去。我們列出經濟原則，所以賣給我們的經營者知道他們可以信賴。有些承諾我們不會做，也不會承諾永遠不轉賣，但我們只脫手過幾項事業，包括原來的紡織業。我們也讓經營者繼續經營事業。我們現在處於一種難以競爭的等級。私募股權公司不會對我們年度財報背後的東西太佩服。經營祖父所創事業的富人，他們也不想將公司交給幾個想炫耀才學的企管碩士。只要我們循規蹈矩，我們將可維持該項資產，而這一點是許多人難以匹敵的。

——巴菲特，波克夏年會，二〇一四年

這種現象為波克夏建立正面有利的名聲，對護城河也有貢獻。

㈣波克夏有永久資本

波克夏有永久資本，大有助於該公司表現超越其他投資者。知名的葛拉漢價值投資者布魯斯．柏克維茲（Bruce Berkowitz）解釋：

> 祕方就是：永久資本。那是最基本的，我想那是巴菲特放棄合股的原因。你需要永久資本，因為到了緊要關頭，大家都跑了……那是為何我們保留大量現金在手邊……現金等於財務上的煩寧（Valium，譯注：抗焦慮藥物），讓你保持冷靜，沉著鎮定。
>
> ——柏克維茲，邁阿密大學（University of Miami）專訪，二〇一一年

(五)波克夏在市場走跌時表現超越大盤

因為巴菲特和蒙格是葛拉漢價值投資者，波克夏採用的投資方法是要在市況「走高」時超越大盤，市場「走低」時高於預期。價值投資者的目標是勝過絕對表現，而非相對表現。巴菲特說得很簡單：「走勢強勁的年頭，我們表現不如大盤；表現不上不下的時候，我們符合大盤；市場走跌的時候，我們表現較好。一個週期下來，我們表現超越大盤，但是沒人能保證。」[6]其他投資人，如克拉曼，也採用相同的方法，事實也證

實這項結論。班・卡爾森（Ben Carlson）指出：「走跌的時候正是巴菲特擴大領先地位之時，在股市下跌之際，每年超越大盤將近二五％。這是他的祕方。」[7]霍華德・馬克斯為價值投資者指出下列法則：「法則一：大部分的事情證明都有週期性；法則二：有些獲利與虧損的最大機會，出現在其他人忘記法則一時。」[8]巴菲特對這番見解有自己的說法：「法則一是絕對不能虧錢；法則二是絕對不要忘了法則一。」[9]波克夏的成績必須經風險調整後與其他選項比較。

㈥波克夏受益於浮存金

波克夏的保險業務創造低成本浮存金（float，在未來申請保險理賠之前，即先行收取的保費現金）。浮存金是支應投資的主要資金來源。在波克夏，浮存金從一九七〇年的三千九百萬美元，增加到二〇一四年的略高於七百七十億美元，而這筆現金有很大部分可以放在波克夏內部操作。因為波克夏能取得浮存金，它的財務報酬就不會是你的財務報酬，除非你也擁有一家保險公司。無法取得浮存金，你永遠也無法跟巴菲特一樣富有。不過，這並不表示你就不應該當個葛拉漢價值投資者。

(七)高素質股東，包含巴菲特與蒙格

高素質股東不會恐慌，且對投資成績著眼於長期。一家公司可能只在某個時間有護城河，那是不夠的。在蒙格看來，就算你現在的事業獲利非常好，也不代表獲利能力會持續非常久。約瑟夫・熊彼得（Joseph Schumpeter）稱為「創造性破壞」[10]的過程，跟商業中的任何因素同樣強大。擁有護城河是對抗競爭性毀滅浪潮的不二法門。

莫布新在一篇可說是談論護城河最精闢的文章中寫道：

> 創造高經濟報酬的公司，會吸引競爭對手樂於接受較少、但依然有吸引力的報酬，而這會將產業總報酬壓低到資本的機會成本。
>
> ——莫布新，〈丈量護城河〉（Measuring the Moat），二〇〇二年

舉例來說，如果你開了一家具有創新特質又非常成功的服飾店，這項成就會引來仿效者和競爭對手。透過創造性破壞的過程，一些服飾店會調整適應，存留下來並蓬勃發

展，其他商店則會失敗關門。此時消費者得利，因為提供給他們的產品和服務愈來愈好。不過，這對投資人是痛苦的過程，因為結果可能十分難以預料。對商人來說也是最艱難的，因為失敗破產是資本主義很基本的部分。

由於競爭必定永無止境，根據蒙格的看法，應該要問的問題如下：

> 你要怎麼跟一個真正的狂熱分子競爭？你只能試著建立最好的護城河，並不斷努力擴大。
>
> ——蒙格，《窮查理的普通常識》，二〇〇五年

好市多的辛尼格就是這樣的狂熱分子，那也是為何蒙格會出任他們的董事。內布拉斯加家具商城創辦人布朗金（「B女士」）是另一個狂熱分子。蒙格喜歡波克夏旗下公司伊斯卡的管理團隊。細數波克夏的執行長名單，會看到一長串的狂熱分子。

資本主義能作用的一個原因，是護城河難以建造且通常隨著時間而退化。隨著時間過去而發生的，就是所謂的**生產者剩餘**（producer surplus）轉變為**消費者剩餘**

（consumer surplus）。蒙格描述這個競爭過程，以及為何有益消費者：

> 資本主義的主要成就，是得以用回饋訊息淹沒企業主，並有效率地分配人才。如果一個區域有二十家餐廳，突然有十八家沒了生意，那麼剩下的兩家則是交給了能幹的人才管理。企業主時時會想起利益與懲罰，那是用心理學解釋經濟學。
>
> ——蒙格，威斯科年會，二〇一一年

蒙格對企業競爭本質的看法屬於達爾文主義，他認為資本主義在真正競爭的市場絕不留情：

> 長期來看，歷史顯示任何企業要以企業主樂於接受的方式存活下來，機會實在渺茫。
>
> ——蒙格，《憨奪型投資者》（*The Dhandho Investor*），二〇〇七年

資本主義是相當殘暴的地方。

——蒙格，南加州大學商學院，一九九四年

說到護城河，持久性很重要。蒙格希望能避免今天有護城河，明天卻失去的企業。有些護城河隨著時間逐漸萎縮，有些則消逝得較快。就像恩斯特・海明威（Ernest Hemingway）在《太陽依舊升起》（*The Sun Also Rises*）中說的，企業有兩種方式破產：「慢慢來，以及一夕崩毀。」護城河毀壞的速度，會因為科技進步以及資訊散播的方式而隨著時間加快。速度加快有時會令一些人茫然失措。舉例來說，像柯達（Kodak）或北電網絡（Nortel）這些公司，失去護城河的速度令主要成長於另一個年代的眾多投資人震驚。

護城河消失的速度，不應與從未有過護城河的公司混為一談。根據莫布新的說法，護城河持續的時間稱為**競爭優勢期間**（competitive advantage period, CAP）。護城河消散的速度因個案而異，未必固定不變。莫布新認為，護城河萎縮的速度類似學術界稱的**消褪**（fade）。[11]

即使是非常出色的公司，也可能發現競爭導致他們的護城河縮小，甚至消失。蒙格曾說：

很多時候，你會看著一家企業繳出驚人的成績。而問題是：「可以維持多久？」這個嘛，我只知道一種回答。那就是思考現在為何會出現這樣的成績，然後想明白有什麼原因會導致這些成績不再出現。

——蒙格，《投資奇才曼格》，二〇〇〇年

報紙就是個好例子，用來說明一個產業曾經有過極大的護城河，現在卻在衰敗。報紙的不幸在於，科技的變化以相當劇烈的方式拆毀他們的護城河。

這門（報紙）生意十分美好的經濟狀況可能已經嚴重受損。

——蒙格，威斯科年會，二〇〇〇年

蒙格比許多人更早看到這種惡化，很可能是因為波克夏擁有報紙產權，如《華盛頓郵報》（*Washington Post*）及《水牛城新聞報》（*The Buffalo News*）。波克夏並未放棄所有類型的報紙。報導地方新聞，尤其是有強烈社區意識的城市，對波克夏還是有吸引力。他們在二〇一二年的波克夏會議上表示，也許會買進更多報紙。收購這些小城市報紙的投資，似乎頗有葛拉漢的雪茄屁股風格，因此是回歸舊有的投資風格。但波克夏有大量現金可運用，卻只有那麼多的優質事業可買。蒙格說：

> 過多的現金是有利條件，而非不利條件。
>
> ——蒙格，波克夏年會，二〇一二年

隨著投資的資金池變大，就愈難找到有護城河的公司可買或投資。就這點來說，規模反而對投資績效不利。不只一位基金經理人因為這個問題而遭殃，因為心理傾向就是忽略強大護城河的需求，而將大筆資金投入運作。

柯達就是曾經有強大護城河，但後來急轉直下、失去護城河的公司。蒙格描述打擊照相事業的競爭性破壞：

> 柯達的狀況是競爭性資本主義的自然結果。
>
> ——蒙格，CNBC專訪，二〇一二年

柯達的情況確實艱困，但根據蒙格的說法，完整的故事應該要考慮到柯達有一部分其實有護城河，並將繼續存活：

> 大家以為整個都完蛋了，但他們忘了柯達其實沒有破產，因為伊士曼化學（Eastman Chemical）存留下來，成了蒸蒸日上的公司，而且被分拆出來。
>
> ——蒙格，《財星》，二〇一二年

失去護城河的公司面臨的挑戰艱鉅而令人膽寒。一旦回饋迴路轉為負面，任何企業都很難奪回過去所擁有的。一開始建立護城河的那些因素，也可能同樣快速，或更加快速地摧毀公司。如果上坡的路線並非線性，下坡路很可能也非線性。

再舉一個例子，蒙格曾說市中心商業區的百貨公司一度有非常牢固的護城河，因為有規模經濟，又在靠近大眾運輸的中心位置。但是，隨著愈來愈多人買得起車，大眾的生活開始改變，紛紛遷移到有購物中心的郊區。零售業出現亞馬遜網站（Amazon.com），進一步破壞各種倉儲式零售業的護城河，無論是在市區還是郊區。

決定一家公司有無護城河與品質有關（例如供應面與需求面的規模經濟、品牌、監督管理，以及智慧財產權），但如何測試判斷護城河的強度，卻是和數量有關（也就是數學題）。數學公式不會告訴你怎樣獲得護城河，但可以幫你證明你有護城河，至少暫時有。測試某家公司是否有護城河，取決於你賺取的利潤是否大於**資本機會成本**（opportunity cost of capital, OCC）。如果獲利能力能保持水準一段合理的時間（以年衡量），那麼就有強大的護城河。如果**投資資本報酬率**與資本機會成本的正差距很大，而且差距能長久持續，這樣的護城河就相當堅固。護城河究竟要持續多久才符合這項測試，是個有趣的問題。如果不是起碼兩年的時間，就是在冒極大的風險。若有數據支持可持續五年，讓人更有把握護城河可以持久。有關該主題的更多資訊，請參考莫布新的經典文章〈丈量護城河〉。

發現有現任擁有者尚未充分利用的護城河存在，對於買下該事業的投資人頗為有利。蒙格指出：

一輩子確實會有幾次發現，有些事業是任何經理人只要調高價格，就能大幅提升報酬，但他們卻沒有這樣做，所以他們有大量尚未利用的定價能力卻不用。這是根本不費腦筋的事……迪士尼發現可以大幅調高這些價格，遊客還是一直增加。所以麥可・艾斯納（Michael Eisner）和法蘭克・威爾斯（Frank Wells）的許多優異紀錄……只是因為調高迪士尼樂園（Disneyland）和迪士尼世界（Disneyworld）的價格，以及透過銷售經典動畫電影的錄影帶……在波克夏，我和巴菲特調高時思糖果價格的速度，比其他業者快一些。當然，我們也投資可口可樂——可口可樂有些尚未利用的定價能力，而且它還有個出色的管理團隊。一個羅伯特・高祖塔

> （Roberto Goizueta）加上唐納德．基奧（Donald Keough），能做的就不只是調高價格了。非常完美。
>
> ——蒙格，加州理工學院，一九九七年

從時思糖果開始，蒙格和巴菲特了解到，當你有個重大的護城河（在這裡是由強大，但主要是區域性品牌驅動），這項事業可以調高價格以改善獲利能力。他們還學到，有些品牌轉移到新的市場沒有那麼順利，一個地理區域中能開設多少家可賺錢的盒裝糖果店是有限的。

從非常實際的層面來看，前面的討論說明，有些經驗法則可用來測試護城河的強度。首要的就是該事業是否有定價能力。比方說，如果你在打算調高價格之前必須舉辦一場禱告會，那麼你就沒什麼護城河，巴菲特如此說。

護城河這個名詞並無任何凶惡不祥，商業的本質就是競爭過程，就算是賣烤肉的小餐廳也有護城河。長期下來，資本報酬率遠大於機會成本的公司就有護城河，無論他們清不清楚。

蒙格和巴菲特曾說，還有三種與護城河相關的不同技巧：建立護城河，辨識別人建立的護城河，以及辨識會搶在護城河顯露出來之前先取得的新創公司。

建立護城河是像雷．克洛克（Ray Kroc）、沃爾頓、雅詩．蘭黛（Estee Lauder）、玫琳．凱．艾施（Mary Kay Ash），以及蓋茲之類的人完成的。建立護城河需要過人的管理技能，必然也結合了一定程度的運氣。理論上，沒有管理人才，只憑運氣取得護城河是有可能的，但我想不出有這樣的例子。有時候，極為出色的經理人有能力建立護城河，但遇到投資時，能力卻相當拙劣。股票推銷人員最愛這種人，因為他們是詐騙的大目標。

辨識別人建立的護城河，是像蒙格與巴菲特這樣的人能做的。蒙格承認，他和巴菲特是買護城河，而不是建立護城河，因為建立護城河不是他們的專長。除了護城河，蒙格堅持必須還要有精明能幹的管理團隊。對買護城河而非建立護城河的投資者來說，護城河的存在有特別價值，因為有時候就算管理人才表現不如預期，或是他們離職，還是可以挺過財務難關。

而辨認會搶在護城河顯露出來之前先取得的新創公司，則是一些創投業者會做的，只要他們的獲利能力水準夠高，可用整體資本創造令人心動的報酬。創投業者獲取所謂的**可選性**，這是不同於葛拉漢價值投資系統的套利形式。創投業者成功所需的技能很少，這從創投公司的報酬分配是根據冪次法則就可證明。護城河若是出自複雜的適應性系統——如經濟體——那麼就難以發現。這是因為護城河是比各部分加總還大的東西，又是從比各部分加總更大的其他東西之中顯現出來的。相較之下，被破壞的護城河比較容易發現，因為那是從有到無的轉變過程。

這三種商業技巧各不相同，而一個人要三種技能兼備也非常罕見。對社會來說，這種過度自信很珍貴，因為有了運氣，「瞎貓偶爾也能碰上死老鼠」。不過，以個人來說，就會有很多不必要的失敗破產。對社會整體有益的，對個人未必好。

價值投資與因子投資

葛拉漢與他的追隨者，如巴菲特、霍華德．馬克斯，以及克拉曼，發展出一套稱為**價值投資**（value investing）的系統。尤金．法瑪（Eugene Fama）和肯．弗蘭奇（Ken French）發展出一套完全不同、辨認「價值股」的**因子投資**（factor investing）方法。雖然葛拉漢的系統與法瑪和弗蘭奇的方法都用到**價值**這個名詞，但從根本來說卻有天壤之別。

最重要的是對將價值當成**統計因子**（法瑪和弗蘭奇），和將價值當成**分析風格或目標**（葛拉漢），做出清楚而簡單的定義區分。兩種方法解決不同的問題：法瑪和弗蘭奇要解決的是，什麼因素造成眾多個股的報酬始終有差異；而葛拉漢風格的價值投資者要解決的是，哪裡可以找到資本永久受損風險低、報酬豐厚機率高的機會。

由於投資風格的根本差異，法瑪和弗蘭奇的因子投資模型發現的價值股，對價值投資者來說可能毫無吸引力，如葛拉漢的追隨者。利用因子投資建立的基金，和葛拉漢的價值投資系統毫無關係。

法瑪和弗蘭奇由上而下的因子模型基礎，是假設市場有效率。因此，超越大盤的報酬只可能靠著冒更大風險來達成。不過，當法瑪和弗蘭奇看到投資人的實際報酬，就發現異常了。不願意放棄效率市場假說，法瑪和弗蘭奇只好補強構想，宣稱必定有未發現的系統性「風險因子」存在。法瑪和弗蘭奇提出高達五種這樣的因子，其中之一就是公司的帳面權益（股東的權益）對市場價值（市場總值）的比率。因此「淨值市價」（book-to-market）就被命名為「價值因子」。

相對於法瑪和弗蘭奇由上而下的分析方法，葛拉漢價值投資系統根據的前提是，若要評估股票的價值，必須由下而上評估具體業務。葛拉漢價值投資者的目標，是評估一家公司未來可分配的現金流量，並在其股價交易價格明顯低於該現金流量代表的內在價值時買進。舉例來說，葛拉漢價值投資者評估一家公司的長期現金流量為每年一億美元而買進，因為該公司的企業價值為五億美元。幾乎用不上高深的學問，就能看出是否要用五億美元買一個每年報酬一億美元的東西，你的投資報酬將非常驚人（以這個例子來說是二〇％）。葛拉漢價值投資系統長期表現可超越大盤，但投資者得做到必要的重要功課，執行葛拉漢價值投資的四項原則為：將股票視為擁有企業的股份比例；購買股份時要有安全邊際；明白市場先生偏向兩極化而不理智，且市場先生應該是你的僕人而非主人；要理性。第四項原則對所有投資人來說是最困難的。

因子投資完全不涉及這些因素。如果有人用淨值市價比衡量一檔股票是否低廉，其實就是在說，銀行帳號裡的一堆現金跟一家營運中的公司沒有分別。對這樣的人來說，產品、顧客、生產力、品牌，以及營運能力毫無意義。那是因為這個比率中的帳面價值，被用來取代**內在價值**，而帳面價值完全沒有告訴你公司的獲利能力。

成功的葛拉漢價值投資者從相反方向看世界。他們關心的是，公司的營運特性所透露的未來可能現金流量。未來現金流量較大的公司，本質上比現金流量較少的公司更有價值，無論帳面價值是多少。

帳面價值與盈餘及現金流量的橋梁，可以從公司的股東權益報酬率看出來。也就是：盈餘殖利率（earnings yield）＝股東權益報酬率＝淨值市價比。

雖然法瑪大概會勉強承認，企業的價值就是未來折現現金流量，但他認定，分辨一家公司未來可能的表現優劣，沒人有能力高於一般水準。法瑪的架構言外之意就是，可以假設所有公司都有相同的股東權益報酬率。如果所有公司的股東權益報酬率都一樣，那麼淨值市價比就能告訴你，所有關於一家公司價值必須了解的事。但對葛拉漢價值投資者來說，假設沒有一個基礎可保守評估公司未來的股東權益報酬率，實在荒謬。

葛拉漢價值投資者投入大量時間，思考股東權益報酬率以及資本報酬率，這些概念讓他們得以區分一家公司與另一家公司的獲利能力。對法瑪和弗蘭奇來說，價值完全由根據帳面價值與價格篩選整理的資料庫決定。對葛拉漢價值投資者來說，價值有安全邊際功能，只能藉由衡量市場價格與一連串的內在價值而確定，透過對未來現金流量的保守估計而建立。

利用比喻，有個簡單的方法可思考這個差異。假設你想組成一個籃球隊（暫且稱之為甲隊）。法瑪和弗蘭奇的方法是招募鎮上一百名最高的男性。這支隊伍的表現會比平均水準高，因為身高與能力有相關性。同樣地，一家價值低估的公司（例如實質價值投資）和一家低淨值市價比的公司也會有統計相關性。

另外一個組隊方式就是舉辦選拔賽，實際評估每個人的籃球技巧（就像葛拉漢風格的投資者評估一家公司）。採用這種風格的人，會挑出前十五名球員組成乙隊。乙隊的表現或許會比甲隊高出許多，即使甲隊優於平均水準。同樣地，建構得當的價值投資組合，會（大幅度）優於由幾百檔高淨值市價比個股組成的投資組合。

歸根究底，**因子投資**方法基本上就是指數投資略做調整（或許是加強）。相較之下，葛拉漢價值投資者的目標，是達成遠高於溢價一%至二%的報酬率。換句話說，因子投資企圖藉由微調指數型基金方法，刮盡微薄的統計優勢，葛拉漢價值投資者則追求更大的報酬率。驗證兩種方法的成就在於「實踐」。投資人若深思巴菲特在知名文章〈葛拉漢與陶德市的超級投資者〉（The Superinvestors of Graham and Doddsville）中分享的成果，應能受益，並了解葛拉漢價值投資者歷來實踐的超優成績。

或許這是為何許多基金竭盡所能，鼓動混淆葛拉漢價值投資與因子投資的差異。他們希望實為因子投資基金的「價值」基金，能夠受惠於從葛拉漢一派以降的「超級投資者」成功實踐、造就的價值投資系統光環。

很遺憾的是，許多投資人似乎以為，巴菲特與其他葛拉漢價值投資者從事的，是法瑪討論價值因子時談及的一種形式。如果有更多投資者確實讀過葛拉漢的《智慧型股票投資人》（*The Intelligent Investor*），以及其他有關葛拉漢價值投資的書籍，就會了解兩種方法根本不同。

注釋

序言

1. Warren Buffett, *Working Together*, 2010.
2. Warren Buffett, *Tulsa World*, 2002.
3. 艾莉斯・舒德（Alice Schroeder），《雪球：巴菲特傳》（*The Snowball: Warren Buffett and the Business of Life*），繁體中文版由天下文化於二〇一一年發行。

第一章　葛拉漢價值投資系統的基本原理

1. Peter Bevelin, *Seeking Wisdom*, 2007.
2. 珍娜・羅渥（Janet Lowe），《投資奇才曼格：巴菲特首席智囊》（*Damn Right: Behind the Scenes with Berkshire Hathaway Billionaire: Charlie Munger*），繁體中文版由財訊於二〇〇二年發行。

3. Outstanding Investor Digest, Berkshire Hathaway Annual Meeting, 2014.
4. Seth Klarman, *Margin of Safety*, 1991.
5. Seth Klarman, Investor Letter, 2013.
6. John Bogle, *CFA Perspectives*, 2014.
7. Mungerisms, *Blogspot*, 2005.
8. Seth Klarman, *Margin of Safety*, 1991.
9. Warren Buffett, 1993 Berkshire Shareholder Letter, 1994.
10. Bruce Greenwald, *Forbes*, 2010.

第二章　葛拉漢價值投資系統的原則

1. Jason Zweig, *Intelligent Investor*, 2005.
2. 班傑明・葛拉漢，《證券分析》（*Security Analysis*），繁體中文版由寰宇於二〇〇二年發行。
3. 班傑明・葛拉漢，《智慧型股票投資人》（*Intelligent Investor*），繁體中文版由寰宇於一九九六年發行。
4. Seth Klarman, *Margin of Safety*, 1991.
5. John Maynard Keynes, *The General Theory of Employment, Interest, and Money*, 1997.
6. Warren Buffett, *Brevelin*, 2010.
7. Gabelli, "Value Investing," 1999.
8. 班傑明・葛拉漢，《智慧型股票投資人》。

9. 同上。
10. Warren Buffett, *The Superinvestors of Graham and Doddsville*, 1984.
11. Benjamin Graham, *Forbes*, 1932.
12. Howard Marks, Oaktree Memo, 2012.
13. 班傑明・葛拉漢，《證券分析》。
14. Warren Buffet, "Buy American," 2008.
15. Warren Buffett, *Fortune*, 2001.

第三章　普世智慧

1. Robert Hagstrom, *Latticework*, 2000.
2. Philip Tetlock, *Long Now*, 2007.
3. 查理・蒙格，《窮查理的普通常識》（*Poor Charlie's Alamanack*），繁體中文版由商業周刊於二〇一四年發行。
4. Warren Buffett, *Forbes Magazine*, 1996.
5. Farris Samarrai, "Doing Something Is Better Than Doing Nothing," 2014.
6. Warren Buffett, "Working Together," 2010.
7. Warren Buffett, 2007 Birkshire Shareholders Letter, 2008.
8. Whitney Tilson, "Notes from Berkshire Shareholders Meeting," 2005.
9. Le, Dang, "Notes from 2008 Meeting with Warren Buffett," 2008.

第四章　人類誤判心理學

1. Richard Zeckhauser, "Invest in Unknown," 2006.
2. 丹尼爾・康納曼，《快思慢想》（*Thinking Fast and Slow*），繁體中文版由天下文化於二〇一二年發行。
3. Bruce Greenwald, Interview, 2013.
4. Peter D. Kaufman, *Poor Charlies's Almanack*, 2005.
5. Martin Kronicle, Interview of Michael Mauboussin, 2010.
6. 納西姆・塔雷伯，《反脆弱：脆弱的反義詞不是堅強，是反脆弱》（*Antifragility*），繁體中文版由大塊文化於二〇一三年發行。
7. Mark Twain, Letter, 1887.
8. Robert Cialdini, *Harvard Business Review*, 2013.
9. Michael Schrage, *Strategy + Business*, 2003.
10. Daniel Kahneman, *The Standard*, 2014.
11. Daniel Kahneman, *New York Times*, 2011.
12. Dan Lovallo and Daniel Kahneman, *Harvard Business Review*, 2003.
13. Chuck Jaffe, *Marketwatch*, 2012.
14. Daniel Kahneman, Interview with *The Australian*, 2012.
15. 羅伯特・席爾迪尼，《影響力：讓人乖乖聽話的說服術》（*Influence: The Psychology of Persuasion*），繁體中文版由久石文化於二〇一一年發行。

16. Robert Cialdini, *Harvard Business Review*, 2013.
17. Tim Sullivan, *Harvard Business Review*, 2011.
18. NPR Staff, *NPR*, 2013.
19. "WESCO Annual Meeting" in "The Best of Charlie Munger," 2012.

第五章　成功投資人必備的正確素質

1. Warren Buffett, 1991 Berkshire Shareholder Letter, 1992.
2. 羅伯特・海格斯壯，《巴菲特勝券在握的十二個原則》（*The Warren Buffett Way*），繁體中文版由遠流文化於二〇一二年發行。
3. John Templeton, *Templeton*, 2008.
4. Warren Buffett, quoted by Sather, "Berkshire Annual Meeting Recap Part II," 2008.
5. 珍娜・羅渥，《投資奇才曼格：巴菲特首席智囊》。
6. Warren Buffett, 2006 Berkshire Shareholder Letter, 2007.
7. Seth Klarman, *Margin of Safety*, 1991.
8. 班傑明・富蘭克林，《窮理查年鑑》（*Poor Richard's Almanack*），繁體中文版由柿子文化於二〇一六年發行。
9. Benjamin Franklin, *The Way to Wealth*, 1732.

第六章　葛拉漢價值投資系統的八個變數

1. Warren Buffett, 1994 Berkshire Shareholder Letter, 1995.

2. Michael Price, Graham and Doddsville Newsletter, 2011.
3. Fred Wilson, Le Web Conference, 2014.
4. 艾莉斯・舒德，《雪球：巴菲特傳》。
5. Warren Buffet, 1999 Berkshire Shareholder Letter, 2000.
6. Jason Zweig, "More Stocks May Not Make a Portfolio Safer," 2009.
7. 納西姆・塔雷伯，《反脆弱：脆弱的反義詞不是堅強，是反脆弱》。
8. Warren Buffett, 2012 Berkshire Shareholder Letter, 2013.

第七章　成功企業必備的正確素質

1. Warren Buffett, 1995 Berkshire Shareholder Letter, 1996.
2. 艾莉斯・舒德，《雪球：巴菲特傳》。
3. Nassim Taleb, Paper, 2013.
4. Warren Buffet, "An Owner's Manual," 1999.
5. 麥可・波特，《競爭策略：產業環境及競爭者分析》（*Competitive Strategy*），繁體中文版由天下文化於二〇一〇年發行。

波克夏選股的計算邏輯

1. Warren Buffett, quoted in Tilson, Notes from the Berkshire Annual Meeting, 2003.

建立企業「護城河」的五大要素

1. Warren Buffett, *Fortune*, 2012.
2. Michael Mauboussin, “Measuring the Moat,” 2013.
3. Gregory Warren, “Berkshire Hathaway Retains Strong Competitive Advantage,” 2014.
4. 珍娜．羅渥，《投資奇才曼格：巴菲特首席智囊》。
5. Warren Buffett, quoted by Merced, Berkshire Shareholder Meeting, 2014.
6. Warren Buffett, quoted by Bossert, Berkshire Annual Meeting, 2014.
7. Ben Carlson, *A Wealth of Common Sense*, 2014.
8. 霍華德．馬克斯，《有關投資與人生最重要的事：市場凶險詭譎，巴菲特每天必看》（*The Most Important Thing: Uncommon Sense for the Thoughtful Investor*），繁體中文版由究竟於二〇一二年發行。
9. Warren Buffett, quoted in *Warren Buffet Speaks*, Janet Lowe, 2007.
10. Joseph Schumpeter, *Capitalism, Socialism, and Democracy*, 1942.
11. Michael Mauboussin, *The Blog of Michael Covel*, 1997.

詞彙表

絕對財務績效（Absolute Financial Performance）：以基準衡量財務報酬率，如以美國政府公債為基準。

主動投資者（Active Investor）：根據研究、分析，以及自己的判斷，挑選股票與其他證券的人，而非購買指數型基金及指數股票型基金。

阿爾法係數（Alpha）：衡量一項投資的績效表現與基準的關係，如某一指數。

套利（Arbitrage）：利用至少兩個市場之間的價格差異獲取利益。

資產（Asset）：有價值的東西。

資產類別（Asset Class）：市場上一組顯現類似特徵的資產（例如股票、債券，以及約當現金）。

資產負債表（Balance Sheet）：列出一家公司的資產、負債，以及股東權益的財務報表。

波克夏系統（Berkshire System）：一套投資系統，執行由蒙格與巴菲特選來補充葛拉漢價值投資的變數。

貝塔係數（Beta）：衡量資產波動性與市場相較的標準。

帳面價值（Book Value）：所有資產價值減去所有負債價值。

淨值市價比（Book-to-Market）：比較一家公司的帳面價值與股價；帳面權益（股東權益）對市場價值（市場總值）。

由下而上分析法（Bottom-Up）：蒐集建立基本面／個體數據，盡量對總體現象有更多了解。

雪茄屁股股票（Cigar-Butt Stock）：買進股票的價格低到賣出時能獲得不錯的獲利，即使該事業的長期績效極差。雪茄屁股的比喻，是指股票可以買進，其價值在於還可以抽上幾口。

能力圈（Circle of Competence）：一個區域的範圍界限，一個人在這個區域之內的知識與專業技能高於市場。

消費者剩餘（Consumer Surplus）：消費者願意支付與實際支付之間的差異。

逆向操作投資（Contrarian Investing）：投資於大部分投資者認為價值不會增加的公司（亦即不從眾隨俗）。

相關係數（Correlation）：資產彼此的價格走勢關係。

折舊（Depreciation）：將使用時間長的資產成本，分攤到使用期限的會計紀錄。

衍生性金融商品（Derivatives）：由其他證券衍生出價值的證券。

折現現金流（Discounted Cash Flow, DCF）：以適當的利率將投資的淨現金流折現。

分散投資；多元化（Diversification）：購買若干毫無相關的不同資產。

不利趨勢（Downside）：可能虧損。

每股盈餘（Earnings Per Share, EPS）：衡量獲利能力的標準，計算方式為淨利除以股票份數。

息稅前利潤（EBIT）：未扣除利息和稅項支出的利潤。

未計利息、稅項、折舊及攤銷之利潤（EBITDA）：未扣除利息、稅項、折舊與攤銷的利潤；蒙格建議在這個名詞出現時，插入「狗屁利潤」。

規模經濟（Economies of Scale）：平均成本隨著產出增加而減少。

效率市場假說（Efficient Market Hypothesis）：任何時間，證券價格都能完全反映所有可得的資訊。

股票權益（**Equity**）**：**擁有公司所有權的股份。

外推法（**Extrapolation**）**：**根據過去的趨勢加上現在的資料，做出對未來的預測。

因子投資（**Factor Investing**）**：**由法瑪和弗蘭奇發展出來的投資方法，找出可用於改善指數型基金的因子。

集中投資（**Focus Investing**）**：**根據蒙格的說法，「代表持有十檔，而非一百檔或四百檔」的投資方法。

自由現金流量（**Free Cash Flow**）**：**扣除開支、債務利息、資本支出，以及股息之後可得的現金。

基本分析（**Fundamental Analysis**）**：**就公司本身在年度財報、業績報告，以及提交美國證券交易委員會存檔等文件中提報的績效資料做分析。

公認會計原則（**GAAP**）**：**普遍接受的會計原則。

葛拉漢價值投資（Graham Value Investing）：以四項基本原則為基礎的價值投資類型。

成長股（Growth Stock）：根據霍華德．馬克斯的說法，成長股為投資人相信其價值未來將迅速增加，創造幅度明顯的升值（即使該股的現行價值相對低於相現行價格）。

避險（Hedge）：購買一項資產的目的，在於產生與另一項資產相反的報酬，以便抵銷價格變化的衝擊。

捷思法（Heuristics）：一種思維捷徑，讓人得以迅速解決問題及做出判斷（心智經驗法則）。

挾持問題（Holdup Problem）：獨家供應者（或買家）利用這樣的關係提高價格，向買方（或賣方）榨取利益。

損益表（Income Statement）：辨認一家公司獲利或虧損的文件。

指數投資者（Index Investor）：投資包含指數型基金與指數股票型基金的多元化投資組合。

內在價值（Intrinsic Value）：未來現金流的現值。

投資（Investment）：購買一項資產以便產生報酬。

投資者（Investor）：企圖了解一項資產根本價值的人。

模型框架（Latticework of Models）：將來自許多學科的許多重大模型，集合成一個類似網格框架、相互關聯的結構，以做出更理想的決策。

槓桿操作（Leverage）：負債或借款成為公司總資金的一部分。

清算價值（Liquidation Value）：解散公司、出售資產、償還債務，並將剩餘一切分配給股東後，可獲得的現金與資產總數。

流動性（Liquidity）：衡量出售資產換取現金的難易程度。

多頭（Long）：根據價格將上漲的預測而買進。

總體經濟（Macroeconomics）：研究經濟體的整體行為。

安全邊際（Margin of Safety）：內在價值與現行市場價格之間的差距。

思維模型（Mental Models）：人用於互動的現象認知表徵。

個體經濟（Microeconomics）：研究組成經濟體的個別要素。

護城河（Moat）：進入市場的障礙，讓企業得以持續創造價值。

動能投資（Momentum Investing）：投資根據的論點是一項變數，如價格，其感知趨勢延續下去的可能高於改變方向。

市場先生（Mr. Market）：比喻市場在短期內無法預測的兩極化本質；有時在短期內，它會以低價賣出一項資產，有時卻付出比資產價值更高的價錢。

Net-Net股票（Net-Net Stock）：以低於清算價值交易的股票。

淨現值（Net Present Value）：投資的現金流現值扣除投資的成本。

網路效應（Network Effects）：供應面的規模經濟。

機會成本（Opportunity Cost）：已放棄其他選項的價值。

業主盈餘（Owner's Earnings）：淨利＋折舊＋折耗＋攤銷－資本支出－新增營運資金。

被動投資者（Passive Investor）：投資包含指數型基金和指數股票型基金的多元化投資組合。

現值（Present Value）：今日的現金總數，價值等於未來收到的支付款項。

私有市場價值（Private Market Value）：消息靈通且經驗豐富的商人，願意在未公開市場交易支付的價格。

生產者剩餘（Producer Surplus）：支付給商品或服務生產者的金額，與供應該商品或服務所需成本，兩者之間的差異。

實質報酬（Real Return）：經通膨影響調整後的投資報酬。

相對報酬（Relative Return）：一段時間內與基準相比較的財務報酬。

資本報酬率（Return on Capital）：衡量投入一項投資的資本所賺取的報酬。

股東權益報酬率（Return on Equity）：產生的淨利占股東權益百分比。

回歸平均值（Reversion to the Mean）：對隨機變數後來的觀察，傾向於較當前的觀察更接近平均值。

風險（Risk）：遭遇損失的可能性。

證券（Security）：由民間公司或政府發行的債券或股票工具。

空頭（Short）：根據價格將下跌的預測而賣出借券。

投機者（Speculator）：企圖藉由猜測其他人未來的行為而揣度資產價格的人。

技術分析（Technical Analysis）：利用市場產生的資料，例如本益比、波動性、價格歷史、價格形態，以及交易量等分析價格，以便測定大盤的走向。

由上而下分析法（Top-Down）：擷取總體格局的資料，試圖以該資料對個體基本面有更多了解，並選擇特定的投資。

美國國庫券（Treasury Bills）：美國政府以面值貼現銷售不超過一年的公債。

美國長期公債（Treasury Bonds）：美國政府發行期限超過十年的公債，按本金金額支付利息。

美國中期公債（Treasury Notes）：美國政府發行期限為一至十年的公債，按本金金額支付利息。

美國公債殖利率（Treasury Yield）：美國政府公債的投資報酬百分比。

有利趨勢（Upside）：可能獲利。

價值（Value）：採用基本分析計算某樣東西所值。

價值投資（Value Investing）：獲得比付出多（所有聰明投資的共通點）。

價值股（Value Stock）：不同投資風格的不同人，用在不同用途的術語；因子投資者有一種定義，葛拉漢價值投資者又是另一種定義。

波動性（Volatility）：一項變數的變動起伏，例如一段時間的市場價格。

普世智慧（Worldly Wisdom）：決策時，固定採用綜合各大學科的重大概念集大成者。

收益率（Yield）：一項投資或特定期間賺取的收益。

參考書目

影片資料

"21st Annual Conference: Roundtable III." YouTube video, 1:11:36, from a panel discussion on China at the 21st Annual Conference, posted by "committee100," June 3, 2013, http://www.youtube.com/watch?v=cDDPtJzGyEg.

"A Conversation with Charlie Munger U Michigan 2010 part 9." YouTube video, 10:24, from a talk at University of Michigan in 2010, posted by "investingtipsadvice," July 13, 2012, http://www.youtube.com/watch?v=u1RNpToWVpQ.

"Charlie Munger on BYD." YouTube video, 8:02, from an interview on Fox Television, posted by "Value Investing Pro," May 19, 2009, http://www.youtube.com/watch?v=rZ9AooeFe9E.

"Charlie Munger Reveals Secrets to Getting Rich." YouTube video, 10:56, from a BPC interview, posted by "CharlieMungerChannel," July 13, 2012, http://www.youtube.com/watch?v=3WkpQ4PpId4.

"Charlie Munger Speech at USC—May 2007 (part 1 of 5)." YouTube video, 8:45, from a speech at USC Law School's Commencement in May 2007, posted by "Tri Suseno," August 9, 2009. http://www.youtube.com/watch?v=L6Cy7UwsRPQ.

"Munger on Sokol: 'I'm Sad.'" YouTube video, 6:27, from an interview with CNN, posted by "CNNMoney," May 3, 2011, http://www.youtube.com/watch?v=72t7oapvbas.

"The Psychology of Human Misjudgment." YouTube video, 1:16:22, from a speech given at Harvard University in June 1995, posted by "BuffettMungerWisdom," January 13, 2013, http://www.youtube.com/watch?v=pqzcCfUglws.

文字資料

Ablan, Jennifer and Jonathan Stempel. "Munger: Hard to Find Berkshire Deals, 'Raving Mad' Not to Try." Reuters, May 3, 2013. http://www.reuters.com/article/2013/05/03/us-berkshire-agm-munger-idUSBRE9420PM20130503.

Ariely, Dan. *Predictably Irrational: The Hidden Forces That Shape Our Decisions*. New York: Harper, 2010.

Barbosa, Miguel. "Interview with Michael Mauboussin." *Seeking Alpha*. September, 2009. http://m.seekingalpha.com/article/163743.

Berkowitz, Bruce. "Interview at University of Miami." *Market Folly.* November 30, 2012. http://www.marketfolly.com/2012/11/bruce-berkowitz-interview-at-university.html.

Bernstein, Peter. *Against the Gods: The Remarkable Story of Risk*. Hoboken, NJ: Wiley, 1998.

Bernstein William. *The Investor's Manifesto*. New York: Wiley, 2012.

Betterment. "Why a Value Investor Is Better Off in a Portfolio." Interview of Bruce Greenwald. April 12, 2013. https://www.betterment.com/blog/2013/12/04/why-a-value-investor-is-better-off-in-a-portfolio.

Bevelin, Peter. *Seeking Wisdom: From Darwin to Munger.* Marceline, MO: Walsworth, 2008.

Bogle, John. "The Arithmetic of 'All-In' Investment Expenses. CFA Perspectives." *Financial Accountants Journal*, Vol. 70 (1), 2014. http://www.cfapubs.org/doi/sum/10.2469/faj.v70.n1.1.

Bogle, John. *Clash of Cultures*. Hoboken, NJ: Wiley, 2012.

Bogle, John. *Common Sense on Mutual Funds: New Imperatives for the Intelligent Investor*. Hoboken, NJ: Wiley, 1999.

Bogle, John. *John Bogle on Investing: The First 50 Years*. New York: McGraw-Hill, 2000.

Bogle, John. *The Little Book of Common Sense Investing: The Only Way to Guarantee Your Fair Share of Stock Market Returns (Little Book Big Profits)*. Hoboken, NJ: Wiley, 2007.

Boodell, Peter. "2008 Berkshire Hathaway Shareholder Meeting." *Seeking Alpha*, May 5, 2008. http://seekingalpha.com/article/75598–2008-berkshire-hathaway-shareholder-meeting-detailed-notes.

Boodell, Peter. "Berkshire Hathaway Annual Meeting Notes." *Rational Walk*, May 3, 2010. http://www.rationalwalk.com/?p=6794.

Boodell, Peter. "Wesco 2008 Annual Meeting Notes." August 2009. http://mungerisms.blogspot.com/2009/08/2008-annual-meeting-notes.html.

Boodell, Peter. "Wesco Annual Meeting." *Seeking Alpha*, May 9, 2008. http://seekingalpha.com/article/76538–2008-wesco-shareholder-meeting-detailed-notes.

Bossert, Alex. 2014 Berkshire Hathaway Annual Meeting, 2014. http://www.scribd.com/doc/222892108/2014-Berkshire-Hathaway-Annual-Meeting#scribd.

Browne, Christopher. *The Little Book of Value Investing*. Hoboken, NJ: Wiley, 2006.

Bruck, Connie. "Rough Rider." *New Yorker*, November 12, 2007. http://www.newyorker.com/reporting/2007/11/12/071112fa_fact_bruck.

Bruni, Jerome V. "2004 Berkshire Hathaway Annual Meeting Top 20 Questions." *J.V. Bruni and Company Website*, 2004. http://jvbruni.com/berkshire.htm.

Bruni, Jerome V. "2005 Berkshire Hathaway Annual Meeting Top 20 Questions." *J.V. Bruni and Company Website*, 2005. http://www.jvbruni.com/Berkshire2005annualmeeting.htm.

Bruni, Jerome V. "2006 Berkshire Hathaway Annual Meeting Top 20 Questions." *J.V. Bruni and Company Website*, 2006. http://jvbruni.com/Berkshire2006annualmeeting.htm.

Bruni, Jerome V. "2007 Berkshire Hathaway Annual Meeting Top 20 Questions." *J.V. Bruni and Company Website*, 2007.

http://www.jvbruni.com/Berkshire2007annualmeeting.htm.

Buffett, Warren. 1981 Berkshire Hathaway Shareholder Letter, February 26, 1982. http://www.berkshirehathaway.com/letters/1981.html.

Buffett, Warren. 1987 Berkshire Hathaway Shareholder Letter, February 29, 1988. http://www.berkshirehathaway.com/letters/1987.html.

Buffett, Warren. 1989 Berkshire Hathaway Shareholder Letter, March 2, 1990. http://www.berkshirehathaway.com/letters/1989.html.

Buffett, Warren. 1991 Berkshire Hathaway Shareholder Letter, February 28, 1992. http://www.berkshirehathaway.com/letters/1991.html.

Buffett, Warren. 1992 Berkshire Hathaway Shareholder Letter, March 1, 1993. http://www.berkshirehathaway.com/letters/1992.html.

Buffett, Warren. 1993 Berkshire Hathaway Shareholder Letter, March 1, 1994. http://www.berkshirehathaway.com/letters/1993.html.

Buffett, Warren. 1994 Berkshire Hathaway Shareholder Letter, March 7, 1995. http://www.berkshirehathaway.com/letters/1994.html.

Buffett, Warren. 1995 Berkshire Hathaway Shareholder Letter, March 1, 1996. http://www.berkshirehathaway.com/letters/1995.html.

Buffett, Warren. 1999 Berkshire Hathaway Shareholder Letter, March 1, 2000. http://www.berkshirehathaway.com/letters/1999htm.html.

Buffett, Warren. 2007 Berkshire Hathaway Shareholder Letter, February, 2008. http://www.berkshirehathaway.com/letters/2007ltr.pdf.

Buffett, Warren. 2012 Berkshire Hathaway Shareholder Letter, March 1, 2013. http://www.berkshirehathaway.com/letters/2012ltr.pdf.

Buffett, Warren. "Benjamin Graham 1894–1976." *Financial Analysts Journal*, November/Decem http://dx.doi.org/10.2469/faj.v32.n6.19.

Buffett, Warren. Berkshire Hathaway Website. www.berkshirehathaway.com.

Buffett, Warren. "Buy American. I am." *New York Times*, October 16, 2008. http://www.nytimes.com/2008/10/17/opinion/17buffett.html.

Buffett, Warren. "Investing in Equity Markets." Transcript of a seminar. Columbia University Business School, March 13, 1985.

Buffett, Warren. Letter to Partners. May 29, 1969.

Buffett, Warren. Letter to Partners. October 9, 1967.

Buffett, Warren. Letter to the Editor. *Forbes.* October 7, 1996.

Buffet, Warren. "An Owner's Manual." *Berkshire Hathaway*, January 1999. http://www.berkshirehathaway.com/owners.html.

Buffett, Warren. The Superinvestors of Graham-and-Doddsville. Transcript of a Speech Given at Columbia University, 1984.

Buffett, Warren. "What We Can Learn from Philip Fisher." *Forbes*. October 19, 1987.

Buffett, Warren, Walter Schloss, and Irving Kahn. A Tribute to Benjamin Graham. *Outstanding Investor Digest.* May 5, 1995.

Buffett, Warren Jr. [pseud]. "Berkshire Hathaway Annual Meeting Report." *The Motley Fool*, May 7, 2007. https://www.fool.com/community/pod/2007/070507.htm.

Buhayar, Noah. "Berkshire Hathaway's Charlie Munger Shows a Golden Touch." *Business Week*, July 25, 2013.

Bvalue. "Berkshire Meeting Notes." *The Motley Fool*, April 28, 2001.

Carlson, Ben. "Buffett in the Down Years." *A Wealth of Common Sense*, 2014. http://awealthofcommonsense.com/buffett-years.

Calvey, Mark. "Friendly Investment Advice from Warren Buffet's Buddy." *San Francisco Business Journal*, October 20, 1996. http://www.bizjournals.com/sanfrancisco/stories/1996/10/21/newscolumn6.html.

Carnegie, Dale. *How to Win Friends and Influence People*. New York: Pocket Books. Originally published 1937.

Chien, Yi Li. "Chasing Returns Has a High Cost for Investors." *St. Louis Fed*, April 14, 2014. http://www.stlouisfed.org/on-the-economy/chasing-returns-has-a-high-cost-for-investors.

Cialdini, Robert. *Influence: The Psychology of Persuasion*. New York: Harper-Collins, 1998.

Claremon, Ben. "2009 Berkshire Hathaway Annual Meeting Notes." *The Inoculated Investor*, May 5, 2009. http://inoculatedinvestor.blogspot.com/2009/05/2009-berkshire-hathway-annual-meeting.html.

Claremon, Ben. "2010 Wesco Annual Meeting Notes." *Street Capitalist*, May 7, 2010. http://streetcapitalist.com/2010/05/07/charlie-mungers-2010-wesco-annual-meeting.

Claremon, Ben. "Berkshire Hathaway Annual Meeting Notes 2010: Thoughts from Warren Buffett & Charlie Munger." *Market Folly*, May 5, 2010. http://www.marketfolly.com/2010/05/berkshire-hathaway-annual-meeting-notes.html.

Claremon, Ben. "Comprehensive 2011 Berkshire Meeting Notes." *The Inoculated Investor*, May 2, 2011. http://inoculatedinvestor.blogspot.com/2011/05/comprehensive-2011-berkshire-meeting.html.

Claremon, Ben. "Notes from the Final Conversation with Charlie Munger." *The Inoculated Investor*, July 4, 2011. http://inoculatedinvestor.blogspot.com/2011/07/notes-from-final-conversation-with.html.

Cliffe, Sarah. "The Uses (and Abuses) of Influence." *Harvard Business Review*, July-August 2013. http://hbr.org/2013/07/the-uses-and-abuses-of-influence/ar/1.

Cramden, Ralph. "Wesco AGM." *The Motley Fool*, May 6, 2010. http://boards.fool.com/wesco-agm-28494646.aspx?sort=postdate.

Crippen, Alex. "Charlie Munger Blasts Bankers and High-Frequency Trading." *CNBC* video, 37:00. May 3, 2013. http://www.cnbc.com/id/100707283.

Crippen, Alex. "CNBC: Notes from 1998 Berkshire Meeting." *Everything Warren Buffett*, May 2, 2008. http://everythingwarrenbuffett.blogspot.com/2008/05/cnbc-notes-from-1998-berkshire-meeting.html.

Crippen, Alex. "CNBC Transcript: Warren Buffett, Charlie Munger and Bill Gates," *CNBC*, May 5, 2014. http://www.cnbc.com/id/101642613.

Crippen, Alex. "Live Blog Archive: Warren Buffett News Conference." *CNBC*, May 4, 2008. http://www.cnbc.com/id/24454708.

Cunningham, Lawrence A. *The Essays of Warren Buffett: Lessons for Corporate America by Warren E. Buffett*. Durham, NC: Carolina Academic Press, 2008.

Daily Journal to Justin Dobbie, March 18, 2014. http://www.sec.gov/Archives/edgar/data/783412/000143774913003140/filename1.htm.

Dorsey, Pat. "Ideas That Will Make You Money." *Graham and Doddsville*, May 17, 2006. http://www.grahamanddoddsville.net/wordpress/Files/Gurus/Charlie%20Munger/Ideas%20That%20Will%20Make%20You%20Money%20-%20Morningstar%20-%205–17–06.pdf.

Eisner, Michael and Aaron Cohen. *Working Together: Why Great Partnerships Succeed*. New York: HarperCollins, 2010.

Ellis, Charles D. and James R. Verton. *Classics: An Investor's Anthology*. New York: Dow Jones-Irwin, 1989.

Fernandes, Daniel, John Lynch, and Richard Netemeyer. "Financial Literacy, Financial Education and Downstream Financial Behaviors." *Management Science*, January 6, 2014. http://papers.ssrn.com/sol3/papers.cfm?abstract_id=2333898#.

Finkelstein, Daniel. "Interview with Daniel Kahneman." *The Australian*, June 2012.

Fisher, Philip A. *Common Stocks and Uncommon Profits*. Hoboken, NJ: Wiley, 2001.

Fisher, Philip A. *Common Stocks and Uncommon Profits, Paths to Wealth through Common Stocks, Conservative Investors Sleep Well, and Developing an Investment Philosophy*. Hoboken, NJ: Wiley, 2012.

Franklin, Benjamin. *Poor Richards Almanack*. 1758.

Franklin, Benjamin. *The Way to Wealth*. 1758.

Funk, Josh. "Buffett's #2 Man Helps From the Background." *USA Today*, May 17, 2008. http://usatoday30.usatoday.com/money/markets/2008–05–17-berkshire-munger_N.htm.

Gabelli. "Value Investing—U.S." December 30, 1999. http://www.gabelli.com/news/articles/reg-saby_123099.html.

Gawande, Atul. *The Checklist Manifesto*. New York: Picador, 2011.

Gdefelice. "WESCO Meeting Notes." *The Motley Fool*, May 9, 2002. http://boards.fool.com/wesco-meeting-notes-17195126.aspx.

Godwin, Richard. "The Thought Father: Nobel Prize-Winning Psychologist Daniel Kahneman on Luck." *The Standard*, March 18, 2014. http://www.standard.co.uk/lifestyle/london-life/the-thought-father-nobel-prizewinning-psychologist-daniel-kahneman-on-luck-9199162.html.

Gongol, Brian. "Notes from the 2012 Berkshire Hathaway Shareholder's Meeting." *Gongol.com*, May 7, 2012. http://www.gongol.com/research/berkshire/2012.

Graham, Benjamin. *The Intelligent Investor* (Revised edition). New York: Harper-Collins, 2003.

Graham, Benjamin. *The Memoirs of the Dean of Wall Street.* New York: McGraw-Hill, 1996.

Graham, Benjamin, Davis Dodd, Sidney Cottle, and Charles Tatham. *Security Analysis*. New York: McGraw-Hill, 1962.

Greenwald, Bruce C.N., Judd Kahn, Paul D. Sonkin, and Michael van Biema. *Value Investing, from Graham to Buffett and Beyond.* Hoboken, NJ: Wiley, 2001.

Grundfest, Joseph. "Interview with Charles Munger." *Manual of Ideas*, Spring 2009. http://www.manualofideas.com/files/content/200905_munger.pdf.

Grundfest, Joseph. "Interview with Charles Munger." *Stanford Lawyer*, May 14, 2009. http://www.calculatedriskblog.com/2009/05/interview-with-charlie-munger.html.

Hagstrom, Robert G. *Investing: The Last Liberal Art.* Cheshire, UK: Texere, 2000.

Hagstrom, Robert G. *Latticework: The News Investing*. Cheshire, UK: Texere, 2000.

Hagstrom, Robert G. *The Warren Buffett Portfolio: Mastering the Power of the Focused Investment Strategy*. New York: Willey, 1999.

Hagstrom, Robert G. *The Warren Buffett Way*. New York: Willey, 1997.

Henderson, Nicholas. "Wesco Annual Meeting—The Charlie Munger Show." *Gurufocus*, May 15, 2008. http://www.gurufocus.com/news/27308/the-wesco-annual-meeting—the-charlie-munger-show.

Housel, Morgan. "I'm Just Now Realizing How Stupid We Are." *The Motley Fool*, June 14, 2014. http://www.fool com/investing/general/2014/06/11/im-just-now-realizing-how-stupid-we-are.aspx.

Huey, John. "The World's Best Brand." *Fortune*, May 31, 1993. http://management.fortune.cnn.com/2012/11/21/buffett-coke-brand/.

The Investments Blog. "Final Wesco Meeting: A Morning with Charlie Munger." *The Investments Blog*, July 4, 2011. http://theinvestmentsblog.blogspot.com/2011/07/final-wesco-meeting-morning-with.html.

Irwin, Neal. "After Buffett, Should Berkshire Hathaway Be Broken Up?" *New York Times*, May 5, 2014. http://www.nytimes.com/2014/05/06/upshot/should-berkshire-hathaway-be-broken-up.html.

Jaffe, Chuck. "Commentary: Superior Beliefs Bring Inferior Results." *Marketwatch*, May 18, 2012. http://www.marketwatch.com/story/how-investors-think-their-way-into-trouble-2012-05-18.

Kahn, Irving, and Robert Milne. *Benjamin Graham: The Father of Financial Analysis*. Charlottesville, VA: Financial Analysts Research Foundation, 1977.

Kahneman, Daniel. "Don't Blink! The Hazards of Confidence." *New York Times*, October 19, 2011.

Kahneman, Daniel. *Thinking, Fast and Slow*. New York: Farrar, Straus and Giroux, 2011.

Kass, David. "Notes from 2012 Berkshire Hathaway Annual Meeting." *Warren Buffett Blog, Robert H. Smith School of Business*, June 4, 2012. http://blogs.rhsmith.umd.edu/davidkass/uncategorized/notes-from-2012-berkshire-hathaway-annual-meeting.

Kass, David. "Notes from 2013 Berkshire Hathaway Annual Meeting." *Warren Buffett Blog, Robert H. Smith School of Business*, May 31, 2013. http://blogs.rhsmith.umd.edu/davidkass/uncategorized/notes-from-2013-berkshire-hathaway-annual-meeting.

Kass, David. "Notes from Berkshire Hathaway Annual Meeting—April 30, 2011." *Warren Buffett Blog, Robert H. Smith School of Business*, June 26, 2011. http://blogs.rhsmith.umd.edu/davidkass/uncategorized/berkshire-hathaway-annual-meeting-april-30–2011.

Kass, David. "Warren Buffett's Meeting with University of Maryland MBA Students—November 15, 2013." *Warren Buffet Blog, Robert H. Smith School of Business*, December 8, 2013. http://blogs.rhsmith.umd.edu/davidkass/uncategorized/warren-buffetts-meeting-with-university-of-maryland-mbams-students-november-15–2013.

Kass, Peter. *The Book of Investing Wisdom: Classic Writings by Great Stock-Pickers and Legends of Wall Street*. New York: Wiley, 1999.

Kaufman, Peter D. *Poor Charlie's Almanack: The Wit and Wisdom of Charles T. Munger*. Birginia Beach, BA: Donning, 2005.

Kelley, Margie. "In the Money." *Harvard Law Bulletin*, Summer 2001. http://www.law.harvard.edu/news/bulletin/2001/summer/feature_1–1.html.

Keynes, John Maynard. *The General Theory of Employment, Interest, and Money.* Amherst, NY: Prometheus Books, 1997.

Klarman, Seth. *Margin of Safety.* New York: Harper, 1991.

Korada, Srinivas. "Notes from WESCO's Annual Meeting." *Gurufocus*, May 8, 2009. http://www.gurufocus.com/news/55358/notes-from-wescos-annual-meeting.

Kronicle, Martin. "Think Twice Michael Mauboussin Interview." *Martinkronicle*, 2010. http://www.martinkronicle.com/2010/05/04/think-twice-michael-mauboussin-interview/.

Kupfer, Andrew. "Gates on Buffett." *Fortune*, February 6, 1996. http://money.cnn.com/magazines/fortune/fortune_archive/1996/02/05/207334/index.htm.

LaFon, Holly. "Buffett and Munger Annual Meeting 2013 Q&A." *The Motley Fool*, May 8, 2013. http://www.marketfolly.com/2013/02/notes-from-charlie-mungers-daily.html.

LaFon, Holly. "Buffett and Munger Annual Meeting 2013 Q&A." *Gurufocus*, May 8, 2013. http://www.gurufocus.com/news/218379/buffett-and-munger-annual-meeting-2013-qa-complete.

Le, Dang. "Notes from 2008 Meeting with Warren Buffett." *Underground Value*, February 23, 2008. http://undergroundvalue.blogspot.com/2008/02/notes-from-buffett-meeting-2152008_23.html.

Lefevre, Edwin. *Reminisces of a Stock Operator*. Hoboken, NJ: Wiley, 2006.

Lenzer, Robert. "The Unadulterated Wit and Wisdom of Charlie Munger." *Forbes*, May 12, 2010. http://www.forbes.com/2010/05/12/charlie-munger-warren-buffett-markets-streettalk-berkshire-hathaway.html.

Loomis, Carol. "Warren Buffett on the Stock Market." *Fortune*, December 10, 2001. http://www.tilsonfunds.com/BuffettStockMarket.pdf.

Lovallo, Dan and Daniel Kahneman. "Delusions of Success: How Optimism Undermines Executives' Decisions." *Harvard Business Review*, July 2003. https://hbr.org/2003/07/delusions-of-success-how-optimism-undermines-executives-decisions.

Lowe, Janet. *Benjamin Graham on Value Investing: Lessons from the Dean of Wall Street*. New York: Penguin, 1994.

Lowe, Janet. *Damn Right: Behind the Scenes with Berkshire Hathaway Billionaire: Charlie Munger*. Hoboken, NJ: Wiley, 2000.

Lowe, Janet. *The Rediscovered Benjamin Graham*. Hoboken, NJ: Wiley, 1999.

Lowe, Janet. *Value Investing Made Easy*. New York: McGraw-Hill, 1996.

Lowe, Janet. *Warren Buffet Speaks: Wit and Wisdom from the World's Greatest Investor*. Hoboken, NJ: Wiley, 2007.

Lowenstein, Roger. *Buffett: The Making of an American Capitalist*. New York: Random House, 1997.

Lowenstein, Roger. *When Genius Failed*. New York: Random House, 2000.

Lu, Li. "My Teacher: Charlie Munger." *China Entrepreneur*, May 21, 2010.

Lynch, Peter. *Beating the Street*. New York: Simon and Schuster, 1994.

Lynch, Peter. *On up on Wall Street*. New York: Simon and Schuster, 2000.

Mackay, Harvey. "The Oracle of Omaha Speaks." *Tulsa World*, July 7, 2002.

Mackintosh, James. "FT Long Short." *Financial Times*, February 14, 2013. http://blogs.ft.com/ft-long-short/2013/02/14/be-like-buffett.

Majmudar, Kaushal B. "Warren Buffett's Wisdom on Investing, on Markets, and on Life." *Gurufocus*, May 21, 2006. http://www.gurufocus.com/news/1636/warren-buffetts-wisdom-on-investing-on-markets-and-on-life.

Malkiel, Burton. *A Random Walk Down Wall Street*. New York: W.W. Norton, 1985.

Mandelbrot, Benoit. *The Misbehavior of Markets*. New York: Basic Books, 2004.

Maranjian, Selena. "Berkshire Hathaway Annual Meeting Notes." *The Motley Fool*, May 7, 2002. http://boards.fool.com/press-conference-part-1–12517974.aspx.

Maranjian, Selena. "Berkshire Hathaway Press Conference Notes." *The Motley Fool*, May 7, 2002. http://boards.fool.com/berkshire-hathaway-press-conference-notes-17180279.aspx 2002.

Maranjian, Selena. "Berkshire Hathaway's Other Half." *The Motley Fool*, January 9, 2001. http://www.fool.com/specials/2001/sp010109.htm.

Maranjian, Selena. "Press Conference." *The Motley Fool*, May 4, 2000. http://boards.fool.com/press-conference-part-1–12517974.aspx.

Marks, Howard. Oaktree Capital Memo. Oaktree Capital Management, June 20, 2012.

Marks, Howard. Oaktree Capital Memo. Oaktree Capital Management, July 16, 2014.

Marks, Howard. *The Most Important Thing: Uncommon Sense for the Thoughtful Investor*. New York: Columbia Business Cchool Publishing, 2011.

Martin, Michael. "Think Twice." Michael Mauboussin Interview, May 4, 2010. http://www.martinkronicle.com/2010/05/04/think-twice-michael-mauboussin-interview.

Mauboussin, Michael. "Are You an Expert?" *The Blog of Michael Covel*. October 28, 2005. www.capatcolumbia.com/.../Are%20You%20an%20Expert.pdf.

Mauboussin, Michael. "Aver and Aversion." *The Blog of Michael Covel*. January 6, 2006. http://www.michaelcovel.com/2006/01/06/aver-and-aversion.

Mauboussin, Michael. "The Babe Ruth Effect." *The Consilient Observer*, 2002. http://turtletrader.com/pdfs/babe-ruth.pdf.

Mauboussin, Michael. "Big Think Interview with Michael Mauboussin." May 14, 2010. http://bigthink.com/videos/big-think-interview-with-michael-mauboussin.

Mauboussin, Michael. "Blaming the Rat." *The Blog of Michael Covel*, 2011. http://michaelcovel.com/pdfs/BlamingtheRat.pdf.

Mauboussin, Michael. "Capital Ideas Revisited." *The Blog of Michael Covel*, March 30, 2005. http://turtletrader.com/pdfs/CapitalIdeasRevisited03_30_05.pdf.

Mauboussin, Michael. "Embracing Complexity." *Harvard Business Review*, September 2011. http://hbr.org/2011/09/embracing-complexity/ar/1.

Mauboussin, Michael. "Explaining the Wisdom of Crowds." *The Blog of Michael Covel*, 2007. http://www.capatcolumbia.com/Articles/ExplainingtheWisdomofCrowds.pdf.

Mauboussin, Michael. "Frontiers of Finance." *The Blog of Michael Covel*, 1997. http://people.stern.nyu.edu/adamodar/pdfiles/eqnotes/cap.pdf.

Mauboussin, Michael. "Frontiers of Strategy." *The Blog of Michael Covel*, 1998. http://www.capatcolumbia.com/Articles/FoStrategy/Fos1.pdf.

Mauboussin, Michael. "Get Real." *The Blog of Michael Covel*, 1999. http://www.capatcolumbia.com/Articles/FoFinance/Fof10.pdf.

Mauboussin, Michael. "An Interview with Behavioral Investing Expert Michael Mauboussin." Matt Koppenheffer, March 1, 2014. http://www.fool.com/investing/general/2014/03/01/an-interview-with-behavioral-investing-expertmich.aspx.

Mauboussin, Michael. "Interview with Michael Mauboussin." Big Think. http://bigthink.com/videos/big-think-interview-with-michael-mauboussin（沒有日期，但「超過四年前」）.

Mauboussin, Michael. "Is Your Manager Skillful or Just Lucky?" *Wall Street Journal*, November 2, 2012. http://online.wsj.com/news/articles/SB10000872396390444734804578062890110146284.

Mauboussin, Michael. "Measuring the Moat: Assessing the Magnitude and Sustainability of Value Creation." *Credit Suisse*, December 16, 2002. http://www.safalniveshak.com/wp-content/uploads/2012/07/Measuring-The-Moat-CSFB.pdf.

Mauboussin, Michael. "Michael Mauboussin on the Santa Fe Institute and Complex Adaptive Systems." *Compounding My Interests Blog*, November 7, 2013. http://compoundingmyinterests.com/compounding-the-blog/2013/11/7/michael-mauboussin-on-the-santa-fe-institute-and-complex-ada.html.

Mauboussin, Michael. "Steve Forbes Interview: Michael Mauboussin, Professor and Investor." *Forbes*, July 11, 2011. http://www.forbes.com/sites/steveforbes/2011/07/11/steve-forbes-interview-michael-mauboussin-professor-and-investor/.

Mauboussin, Michael. "Valuation." 2002. http://www.capatcolumbia.com/Articles/Valuation%20-%20Mauboussin.pdf.

Mauboussin, Michael. "Mauboussin on the 'Success Equation.'" *Knowledge@Wharton*, March 6, 2013. http://knowledge.wharton.upenn.edu/article/michael-mauboussin-on-the-success-equation.

Mauboussin, Michael. *More Than You Know: Finding Financial Wisdom in Unconventional Places*. New York: Columbia University Press, 2006.

Mauboussin, Michael. *The Success Equation*. Cambridge, MA: Harvard Business Review Press, 2012.

Mauboussin, Michael. *Think Twice*. Cambridge, MA: Harvard Business Press, 2009.

Mauboussin, Michael. "Untangling Skill and Luck." *Harvard Business Review*. February 7, 2011. http://blogs.hbr.org/2011/02/untangling-skill-and-luck.

Mauboussin, Michael, and Paul Johnson. "Competitive Advantage Period 'CAP': The Neglected Value Driver." January 14, 1997. http://people.stern.nyu.edu/adamodar/pdfiles/eqnotes/cap.pdf.

Merced, Michael J. "Berkshire Hathaway's 2014 Shareholder Meeting." *New York Times*, May 3, 2014. http://dealbook.nytimes.com/2014/05/03/live-blog-berkshire-hathaways-2014-shareholder-meeting/?_r=2.

Montgomery, Cynthia and Michael Porter. *Strategy: Seeking and Securing Competitive Advantage*. Cambridge, MA: Harvard Business Press, 1979.

Montier, James. *Darwin's Mind: The Evolutionary Foundations of Heuristics and Biases*. Rochester, NY: Social Science Research Network, 2002.

Montier, James. "The Golden Rules of Investing." *GMO Letter*, December 2013.

Montier, James. "Only White Swans on the Way to Revulsion." *Q Finance*, November 2009. http://www.qfinance.com/capital-markets-viewpoints/only-white-swans-on-the-road-to-revulsion.

Montier, James. "The Seven Immutable Laws of Investing." *The Big Picture* 2011. http://www.ritholtz.com/blog/2011/03/the-seven-immutable-laws-of-investing/.

Munger, Charles. "Academic Economics: Strengths and Faults after Considering Interdisciplinary Needs." Speech, University of California, Santa Barbara, October 3, 2003. http://www.rbcpa.com/Munger_UCSBspeech.pdf.

Munger, Charles. Charles Munger Resignation letter from the U.S. League of Savings Institution, May 30, 1989. http://boards.fool.com/charlie-munger-long-13640415.aspx.

Munger, Charles. "Commencement Speech at Harvard School." Speech, Boston, MA, June 13, 1986. http://biznewz.com/charlie-mungers-speech-to-the-harvard-school-june-1986.

Munger, Charles. "Dubridge Lecture." Speech, California Institute of Technology, March 2008. http://www.voicebase.com/voice_file/public_detail/235138.

Munger, Charles. "How We Can Restore Market Confidence." *Washington Post*, November 2, 2009. http://articles.washingtonpost.com/2009–02–11/opinions/36831107_1_booms-investment-banks-financial-system.

Munger, Charles. "Investment Practices of Leading Charitable Foundations. Foundation Financial Officers Group." Speech, Santa Monica, CA, October 14, 1998. http://www.tiffeducationfoundation.org/SRIdocuments/Charlie_Munger_on_Institutional_Funds_Management.pdf.

Munger, Charles. "A Lesson on Elementary, Worldly Wisdom as It Relates to Investment Management & Business." Speech, University of Southern California Marshall School of Business, April 14, 1994. http://old.ycombinator.com/munger.html.

Munger, Charles. "A Lesson in Elementary, Worldly Wisdom, Revisited." Speech, Stanford Law School, April 19, 1996. http://www.scribd.com/doc/86728974/3-Lesson-in-Elementary-Worldy-Wisdom-Revisited-1996.

Munger, Charles. "Master's Class." *Philanthropy*, March/April 1999. http://www.philanthropyroundtable.org/topic/excellence_in_philanthropy/masters_class.

Munger, Charles. "Optimism Has No Place in Accounting." *Washington Post*, April 4, 2002.

Munger, Charles. "Outstanding Investor Digest." Speech, Stanford Law School Class of William Lazier, March 13, 1998.

Munger, Charles. Speech, Harvard Westlake School, January 19, 2010. http://www.valueinvestingworld.com/2012/10/santangels-review-transcript-of-charlie.html.

Munger, Charles. "Talk of Charles Munger to the Breakfast Meeting of the Philanthropy Roundtable." Washington, DC, November 10, 2000. http://mungerisms.blogspot.com/2009/09/philanthropy-round-table.html.

Munger, Charles. "The Great Financial Scandal of 2003." Speech, Wesco Financial Corporation 2001 Annual Meeting, 2001. http://www.bluechipinvestorfund.com/munger.html.

Munger, Charles. "Thought about Practical Thought." Informal talk, July 20, 1996. http://www.scribd.com/doc/76174254/Munger-s-Analysis-to-Build-a-Trillion-Dollar-Business-From-Scratch.

Munger, Charles. "Wantmore, Tweakmore, Totalscum, and the Tragedy of Boneheadia." *Slate*, July 6, 2011. http://www.slate.com/articles/business/moneybox/2011/07/wantmore_tweakmore_totalscum_and_the_tragedy_of_boneheadia.html.

Mungerian. "2006 Wesco Meeting Notes." *The Motley Fool*, May 11, 2006. http://boards.fool.com/2006-wesco-meeting-notes-long-rough-24092970.aspx.

Mungerisms. "Westco 1999 Annual Meeting" *Blogspot*, 1999. http://mungerisms.blogspot.com/2009/08/wesco-1999-annual-meeting.html.

Mungerisms. "Munger Speaks with Kiplinger's Steven Goldberg." *Blogspot*, 2005. http://mungerisms.blogspot.com/2009/09/munger-speaks-with-kiplingers-steven.html.

Neuroberk. "Westco Meeting." *The Motley Fool*, May 7, 2000. http://boards.fool.com/here-are-neuroberks-notes-from-the-wesco-12529644.aspx.

NPR Staff. "Taking a Closer Look at Milgram's Shocking Obedience Study." *NPR*, August 28, 2013. http://www.npr.org/2013/08/28/209559002/taking-a-closer-look-at-milgrams-shocking-obedience-study.

Pabrai, Mohnish. *The Dhandho Investor.* New York: Wiley, 2007.

Paladinvest. "Wesco Meeting." *The Motley Fool*, May 7, 2000. http://boards.fool.com/wesco-meeting-12529248.aspx.

Parrish, Shane. "Michael Mauboussin Interview." *Farnam Street Blog*, August 28, 2013. http://www.farnamstreetblog.

com/2013/08/michael-mauboussin-interview-no-4.

Patterson, Scott. "Here's the Story on Berkshire's Munger." *Wall Street Journal*, May 1, 2009. http://online.wsj.com/news/articles/SB124113732066375503#.

Pauls, Matt. "Notes from Berkshire Hathaway's Annual Meeting, 2009." *Gurufocus*, May 6, 2009. http://www.gurufocus.com/news/54571/notes-from-berkshire-hathaways-annual-meeting-2009.

Pender, Kathleen. "Dueling Views of Reform." *SF Gate*, June 22, 2004. http://www.sfgate.com/business/networth/article/Dueling-views-of-reform-2747436.php.

Porter, Michael. *Competitive Advantage: Creating and Sustaining Superior Performance*. New York: Free Press, 1998.

Porter, Michael. "The Five Competitive Forces That Shape Strategy." *Harvard Business Review*, January 2008.

Rappaport, Alfred, and Michael Mauboussin *Expectations Investing, Reading Stock Prices for Better Returns*. Cambridge, MA: Harvard Business School Press, 2001.

Raza, Sheeraz. "Berkshire Hathaway Annual Meeting 2012." *Scribd*, May 5, 2012. http://www.scribd.com/doc/92763946/Berkshire-Hathaway-Annual-Meeting-2012.

Report on Berkshire Hathaway Annual Meeting, *Outstanding Investor Digest*, 1997.

Report on Berkshire Hathaway Annual Meeting, *Outstanding Investor Digest*, December 31, 2014.

Richards, Carl. "Indexing Is No Panacea for Investors." January 17, 2014. http://abnormalreturns.com/indexing-is-no-panacea-for-investor.

Ritholtz, Barry. "The Average Investor Needs Some Help." *Bloomberg View*, April 9, 2014. http://www.bloombergview.com/articles/2014–04–09/the-average-investor-needs-some-help-ritholtz-chart.

Roughly Right. "2003 Wesco Annual Meeting Notes." *The Motley Fool*, May 8, 2003. http://boards.fool.com/2003-wesco-annual-meeting-notes-19016644.aspx.

Roughly Right. "Berkshire Meeting Notes." *The Motley Fool*, May 4, 2002. http://boards.fool.com/2003-wesco-annual-meeting-notes-19016644.aspx.

Samarrai, Farris. "Doing Something Is Better Than Doing Nothing for Most People, Study Shows." *UVA Today*, July 3, 2014. https://news.virginia.edu/content/doing-something-better-doing-nothing-most-people-study-shows.

Sather, Dave. "Berkshire Hathaway Annual Meeting Recap Part II." *Sather Financial*, May 31, 2008. http://www.satherfinancial.com/index.php/commentaries/8/17-may2008-commentary-2.

Savitz, Eric. "The Wit and Wisdom of Charlie Munger." *Tech Trader Daily*, *Barron's*, June 26, 2006. http://blogs.barrons.com/techtraderdaily/2006/06/26/the-wit-and-wisdom-of-charlie-munger.

Schrage, Michael. "Daniel Kahneman: The Thought Leader Interview." *Strategy + Business*, Winter 2003. http://www.strategy-business.com/article/03409.

Schroeder, Alice. *The Snowball: Warren Buffett and the Business of Life*. New York: Random House, 2008.

Sellers, Patricia. "Warren Buffett and Charlie Munger's Best Advice." *Fortune*, October 31, 2013. http://postcards.blogs.fortune.cnn.com/2013/10/31/buffett-munger-best-advice.

Serwer, Andy. "Buffett's Alter Ego." *Fortune*, May 2, 2006. http://money.cnn.com/magazines/fortune/fortune_archive/2006/05/29/8378052/index.htm.

Simon, Herbert. "How Managers Express Their Creativity." *The McKinsey Quarterly*, Autumn 1986.

Simpleinvestor. "Free Investment Seminar." *The Motley Fool*, May 25, 1999. http://boards.fool.com/Message.asp?mid=10893331.

Smith, Adam. "Supermoney." New York: Random House, 1972.

Soros, George. *The Alchemy of Finance*. New York: Simon and Schuster, 1987.

Sullivan, Tim. "Embracing Complexity." Interview with Michael J. Mauboussin, *Harvard Business Review*, September 2011. http://hbr.org/2011/09/embracing-complexity/ar/1.

Taleb, Nassim. *Antifragile*. New York: Random House, 2012.

Taleb, Nassim. *The Black Swan*. New York: Random House, 2007.

Taleb, Nassim. *Fooled by Randomness: The Hidden Role of Change in the Markets and in Life*. Cheshire, UK: Texere, 2001.

Taleb, Nassim. *How to Prevent Other Financial Crises*. Rochester, NY: Social Science Research Network, 2012. http://papers.ssrn.com/sol3/papers.cfm?abstract_id=2029092.

Taleb, Nassim. "The Skin in the Game Heuristic for Protection against Tail Events." *Nassim Taleb Website*, 2013. http://nassimtaleb.org/category/skin-in-the-game.

Teabone. "Wesco Meeting Notes." *The Motley Fool*, May 5, 2005. http://boards.fool.com/wesco-meeting-notes-22447816.aspx.

Templeton, Lauren, and Scott Phillips. *Investing the Templeton Way*. New York: McGraw Hill, 2008.

Tetlock, Philip. *Why Foxes Are Better Forecasters Than Hedgehogs*. San Francisco: Long Now Foundation, 2007.

Thaler, Richard. "What Scientific Idea Is Ready for Retirement?" *Edge*, 2014. http://www.edge.org/response-detail/25293.

Tilson, Whitney. "2006 Wesco Annual Meeting Notes." *Whitney Tilson's Value Investing Website*, May 11, 2006. http://www.tilsonfunds.com/wscmtg06notes.pdf.

Tilson, Whitney. "The Best of Charlie Munger." *The Motley Fool*, May 15, 2002. http://www.fool.com/news/foth/2002/foth020515.htm.

Tilson, Whitney. "Buffett's Wit and Wisdom." *The Motley Fool*, May 3, 2004. http://www.fool.com/investing/general/2004/05/03/buffetts-wit-and-wisdom.asp.

Tilson, Whitney. "Charlie Munger Holds Court." *The Motley Fool*, May 8, 2001. http://www.fool.com/news/foth/2001/foth010508.htm.

Tilson, Whitney. "Charlie Munger in Rare Form." *The Motley Fool*, May 7, 2004. http://www.fool.com/server/printarticle.aspx?file=/investing/general/2004/05/07/charlie-munger-in-rare-form.aspx.

Tilson, Whitney. "Charlie Munger Speaks: Notes from the Wesco Annual Meeting." *The Motley Fool*, May 15, 2000. http://www.fool.com/boringport/2000/boringport00051500.htm.

Tilson, Whitney. "Charlie Munger's Worldly Wisdom." *The Motley Fool*, May 5, 2003. http://www.fool.com/news/2003/05/09/charlie-mungers-worldly-wisdom.aspx.

Tilson, Whitney. "Highlights from Berkshire's Meeting." *The Motley Fool*, May 8, 2002. http://www.fool.com/news/foth/2002/foth020508.htm.

Tilson, Whitney. "Munger Goes Mental." *The Motley Fool*, June 4, 2004. http://www.fool.com/investing/general/2004/06/04/munger-goes-mental.aspx.

Tilson, Whitney. "Notes from the 2001 Wesco Annual Meeting." *Whitney Tilson's Value Investing Website*, April 28, 2001. http://www.tilsonfunds.com/motley_berkshire_wscmtg01notes.php.

Tilson, Whitney. "Notes from the 2003 Berkshire Hathaway Annual Meeting." *Whitney Tilson's Value Investing Website*, May 3, 2003. http://www.tilsonfunds.com/motley_berkshire_brkmtg03notes.php.

Tilson, Whitney. "Notes from the 2005 Berkshire Hathaway Annual Meeting." *Whitney Tilson's Value Investing Website*, April 30, 2005. http://www.tilsonfunds.com/brkmtg05notes.pdf.

Tilson, Whitney. "Notes from the 2003 Wesco Annual Meeting." *Whitney Tilson's Value Investing Website*, May 7, 2003. http://www.tilsonfunds.com/motley_berkshire_wscmtg01notes.php.

Tilson, Whitney. "Notes from the 2005 Wesco Annual Meeting." *Whitney Tilson's Value Investing Website*, May 4, 2005. www.tilsonfunds.com/wscmtg05notes.pdf.

Tilson, Whitney. "Notes from the Berkshire Hathaway Annual Meeting." *The Motley Fool*, May 1, 2000.

Train, John. *The Midas Touch*. New York: Harper & Row, 1987.

Train, John. *The Money Masters*. New York: HarperCollins, 1980.

Twain, Mark. "Letter to Mrs. Foote." December 2, 1887.

Warren, Gregory. "Berkshire Hathaway Retains Strong Competitive Advantage." *Morningstar*, April 30, 2014. http://www.morningstar.co.uk/uk/news/124079/berkshire-hathaway-retains-strong-competitive-advantage.aspx.

"WESCO Annual Meeting May 2009." In "The Best of Charlie Munger: 1994–2011. A Collection of Speeches, Essays, and Wesco Annual Meeting Notes."（未公開手稿，2012）, comp. Bledsoe, Yanan Ma. http://www.valueplays.net/wp-content/uploads/The-Best-of-Charlie-Munger-1994-2011.pdf.

Whitman, Martin J. *Value Investing: A Balanced Approach*. New York: Wiley, 2000.

Williams, John Burr. *The Theory of Investment Value*. Flint Hill, VA: Fraser Publishing, 1997.

Zeckhauser, Richard. "Investing in the Unknown and Unknowable." Rochester, NY: Social Science Research Network, 2006. http://papers.ssrn.com/sol3/papers.cfm?abstract_id=2205821.

Zweig, Jason. "Benjamin Graham: Building a Profession Classic Writings of the Father of Security Analysis." New York: McGraw-Hill, 2010.

Zweig, Jason. "A Fireside Chat with Charlie Munger." *Wall Street Journal*, September 12, 2014. http://blogs.wsj.com/moneybeat/2014/09/12/a-fireside-chat-with-charlie-munger.

Zweig, Jason. "More Stocks May Not Make a Portfolio Safer." *Wall Street Journal*, November 26, 2009. http://online.wsj.com/news/articles/SB10001424052748704533904574548003614347452.

Zweig, Jason. *The Intelligent Investor* (Revised edition). New York: Harper Business Essentials, 2006.

Zweig, Jason. "The Intelligent Investor: Saving Investors from Themselves." *Wall Street Journal*, June 28, 2013. http://blogs.wsj.com/moneybeat/2013/06/28/the-intelligent-investor-saving-investors-from-themselves.

Zweig, Jason. *The Little Book of Safe Money: How to Conquer Killer Markets, Con Artists, and Yourself.* Hoboken, NJ: Wiley, 2009.

Zweig, Jason. "The Oracle Speaks." *Fortune*, May 2, 2005. http://money.cnn.com/2005/05/01/news/fortune500/buffett_talks/index.htm.

Zweig, Jason. *Your Money and Your Brain: How the New Science of Neuroeconomics Can Help Make You Rich*. New York: Simon and Schuster, 2008.

新商業周刊叢書 BW0609

窮查理的投資哲學與選股金律

原　書　名／Charlie Munger: The Complete Investor
作　　　者／崔恩．葛瑞芬（Tren Griffin）
譯　　　者／林奕伶
編 輯 協 力／林嘉瑛
責 任 編 輯／鄭凱達
企 劃 選 書／鄭凱達
版　　　權／黃淑敏
行 銷 業 務／莊英傑、周佑潔、石一志

總　編　輯／陳美靜
總　經　理／彭之琬
事業群總經理／黃淑貞
發　行　人／何飛鵬
法 律 顧 問／台英國際商務法律事務所　羅明通律師
出　　　版／商周出版
臺北市104民生東路二段141號9樓
電話：(02) 2500-7008　傳真：(02) 2500-7759
E-mail: bwp.service @ cite.com.tw
發　　　行／英屬蓋曼群島商家庭傳媒股份有限公司　城邦分公司
臺北市104民生東路二段141號2樓
讀者服務專線：0800-020-299　24小時傳真服務：(02) 2517-0999
讀者服務信箱E-mail: cs@cite.com.tw
劃撥帳號：19833503　戶名：英屬蓋曼群島商家庭傳媒股份有限公司城邦分公司
訂 購 服 務／書虫股份有限公司客服專線：(02) 2500-7718；2500-7719
服務時間：週一至週五上午09:30-12:00；下午13:30-17:00
24小時傳真專線：(02) 2500-1990；2500-1991
劃撥帳號：19863813　戶名：書虫股份有限公司
E-mail: service@readingclub.com.tw
香港發行所／城邦（香港）出版集團有限公司
香港灣仔駱克道193號東超商業中心1樓
E-mail: hkcite@biznetvigator.com
電話：(852) 25086231　傳真：(852) 25789337
馬新發行所／城邦（馬新）出版集團
Cite (M) Sdn. Bhd.
41, Jalan Radin Anum, Bandar Baru Sri Petaling, 57000 Kuala Lumpur, Malaysia.
電話：(603) 9056-3833　傳真：(603) 9057-6622　E-mail: services@cite.my

封 面 設 計／黃聖文
印　　　刷／鴻霖印刷傳媒股份有限公司
經　銷　商／聯合發行股份有限公司 電話：(02) 2917-8022　傳真：(02) 2911-0053
地址：新北市新店區寶橋路235巷6弄6號2樓

■2016年9月6日初版1刷
■2023年1月19日初版5.4刷

Printed in Taiwan

國家圖書館出版品預行編目（CIP）資料

窮查理的投資哲學與選股金律／崔恩．葛瑞芬（Tren Griffin）著；林奕伶譯. -- 初版. -- 臺北市：商周出版：家庭傳媒城邦分公司發行, 2016.09
面；　公分
譯自：Charlie Munger : the complete investor
ISBN 978-986-477-070-0（平裝）
1. 蒙格（Munger, Charles T., 1924-）
2. 學術思想　3. 投資理論
563.52　105012937

定價380元
ISBN 978-986-477-070-0

城邦讀書花園
www.cite.com.tw